飄移的起跑線

歐陽立中 著

42 Lessons for Teenagers

推薦序

《飄移的起跑線》教會我的事

宋怡慧
（新北市立丹鳳高中圖書館主任）

時光回溯到二〇一〇年的溽熱時節，我與立中相遇在新進教師報到會場，炯炯的眸光，謙和的態度，讓我直覺——未來，這位老師將會是替無數孩子提燈的師者。

隔年，他當兵返校任教，我們因愛讀社有了生命的交集，彼此的身影重疊在營隊歲月熠熠的光譜上。他不只有才華，也自律甚深，把繁重的工作當做煉爐，於熊熊烈焰中淬礪出鋒芒。一如，簡媜說：「當上帝賜給你荒野時，就意味著，他要你成為高飛的鷹。」

多年來，立中不管浮世擾攘，年年歲歲，風風火火過；歲歲年年，安安靜靜過，他總有自己的姿態、自己的步履。每次在校園的長廊偶遇，邂逅他燦亮的笑容，心情總是愉悅的。歐陽不只教學生讀書，也教學生做人處事：他教會學生看淡成功，那是保持良善的心的祕訣；他教會學生面對失敗，那是成長躍進的朋友。

立中總有令我驚艷又佩服的教學心法，燦亮創意教學的蒼穹。誠如我敬佩的Scratch開發者米切爾・瑞斯尼克（Mitchel Resnick）所發展的——專案（Project）、熱情（Passion）、同儕（Peer）、玩心（Play）4P指導原則，幫助無數年輕人成為創意思考者。

立中教學多元且豐富，讓課室流瀉熱情的氛圍，常在課室外看見同儕共學合作的琅琅笑聲，他讓學生在做中學，展現聽說讀寫的玩樂精神，創造出適性學習的完美課堂教學。他把荀子難懂的〈勸學篇〉，用一場遊戲的競賽，教會學生學習鍥而不捨的道理，也讓學生體會到環境可限也不可限的自我超越。學習不是坐在教室裡的震撼教育，讓學生在升學壓力瀰漫的高三生涯，因為這堂語文課真正瞭解學習的真義，這就是歐陽對課程設計的用心與堅持，數年如一日的初心。

立中身為字遊人也承受文學引領，善於用閱讀自問，用寫作自許，每每看見一句入魂的箴言，腦海不禁浮現歐陽脩誇讚蘇軾的話：「此人可謂善讀書、善用書，日文章必獨步天下！」立中的文章看似詼諧幽默，卻藏有雋永的人生哲學；看似簡單敘事，卻蔓延抒懷的溫暖情韻。

有好幾次，被他洋蔥味的文章薰染得淚光閃閃。

年輕如他，卻能感知四時遞嬗、人情流轉的情味而心有所悟，讓人不得不欽羨他對文字駕馭的能力。看似片面辰光的例子，都是對生命最深情的體會，認識他越久，越覺得他是我們人生行路生意盎然的風景，痛快淋漓地以文會友，讓我們像在讀章回小說似的，一章一回地閱畫終卷，仍意猶未盡。

行文至此，驀然想起《麥田捕手》的畫面：我的職務就是在那守望，要是有哪個孩子往懸崖邊來，我就把他捉住……我只想做個麥田裡的守望者。立中帶給我的，不只是對他精湛教學與文字靈犀的讚嘆而已，更是一位教師對青春生命循循善誘，用情引渡的敬佩。

謝謝立中堅持初衷，以傳道、授業、解惑為己任，照顧每位學生，在披風帶雨的教學旅程中，以笠護人，讓每個飄移的生命有了歸返停歇的歇息處。

推薦序

師父的祕笈

許榮哲（華語世界首席故事教練）

那天大雨，你走後
我站在芳園南街上
像落難的孫悟空
對每輛開過的出租車
都大喊：師傅
——曹臻一〈大雨〉

最初的時候，我是歐陽立中的阿凱老師。

阿凱老師是漫畫《火影忍者》裡，少年忍者們的老師。

他不管做什麼事（上至戰鬥，下至猜拳）都喜歡「自訂規則」。

什麼是自訂規則？舉個例，某次阿凱老師跟死對頭卡卡西比賽猜拳時，自訂了一個奇怪的規則：「如果猜拳輸了，我就繞著木葉忍者村，倒立走五百圈。」

這個規則完全沒什麼道理。

第一、微不足道的猜拳，居然押上這麼巨大的賭注。

第二、輸了要處罰，贏了卻沒好處，賭注完全不合理。

阿凱老師為什麼要訂這麼奇怪的規則呢？

他說「『自訂規則』蘊含著下次絕對會打敗對手的神祕力量」，意思是「利用輸了就必須倒立走五百圈的枷鎖，讓自己用認真的態度，去面對猜拳這種再簡單不過的戰鬥，這就是『自訂規則』的優點之一。

除此之外，就算輸了，也可以藉此進行自我的訓練。所以說穿了，『自訂規則』其實就是一種極致的雙重構造。」

對，就是「極致的雙重構造」。

我超喜歡阿凱老師這類的熱血笨蛋，我的信念「相信自己是天才，比真的天才更重要」，就跟阿凱的賭注一樣，是用來束縛自己的——強化贏的信念，就算輸了也算贏。

歐陽立中聽到我的信念之後，居然認真地拿來實踐。

前方遭遇挫折失敗時……

我對歐陽說：「相信自己是天才，比真的天才更重要。」

歐陽對自己說：「比天才更重要的是『相信自己是天才』。」

後面追來說閒話的人時……

我對歐陽說：「不要讓白目人阻礙我們的趕路旅程。」

歐陽對自己說：「阻礙我們的趕路旅程的是白目人。」

追逐前方的天才 v.s.避開後面的白目，這就是我們的「極致雙重構造」。

不只如此，歐陽立中一邊鍛鍊，一邊把鍛鍊的方法和歷程寫了下來，於是有了這本教育散文。

在我看來，歐陽的熱血難以複製，但他的方法非常值得借鏡，因為他已經倒立走了木葉忍者村一萬多圈了。倒了就重來，再重來，看得旁人都快哭了。

歐陽耗盡心力，身體力行寫完這本書，而你現在只要翻開這本書，就可以把它們全部偷走。

現在，歐陽立中是我的阿凱老師。因為他開始自訂規則，而我從他身上學到了信念。

——結果，懂感恩的人，拿走了全部

——有時候，我們得靠輸，來贏

現在的歐陽立中距離天才越來越近，離閒話的人越來越遠，看著他的背影，我常常有一種錯覺：

周星馳電影裡才會出現的情節——

少林寺，一個冒牌的神棍師父，拿了一本假的武功祕笈，招搖撞騙。騙著、騙著，一個熱血的青年上勾了。

青年興高采烈拿著武功祕笈回家，他照著上面的方法，早也練，晚也練，夢中也在練，最後他練成了絕世武功。

多年後，青年回到少林寺，磕頭跪拜師父當年的教誨之恩。

「師父～謝謝你的武功祕笈，我真的練成了……」

看著眼前的徒弟，神棍師父無比的迷惘，這到底怎麼一回事？難道……難道……武功祕笈是真的？

武功祕笈不是真的，也不是假的，而是神妙的。當你相信祕笈是真的時，一條修煉的大道就展開了。相反地，當你認定祕笈是假的時，故事就結束了。

推薦序

巧妙地把「硬道理」埋設在完美的「文字機關」中

彭菊仙（親子作家）

新學期開始，家裡的中學生談起了新來的老師。其中一小子鐵口直斷了一位年輕新老師不久之後的命運：「就是那種剛畢業沒多久的年輕老師啊，滿腔熱血，一直想要翻轉來翻轉去的，我最怕碰到這樣的老師，因為沒多久就會發現怎麼翻轉，都沒用啦，根本是對牛彈琴，最後都棄械投降！」

另一小子附和：「是啊，最後發現還是用『九宮格』、『大十字』來挽救人氣比較快！」

我好奇：「什麼是『九宮格』、『大十字』？」

小子搶著解釋：「就是為了防止學生不專心或是睡覺，老師就會玩『九宮格』，被叫到的同學，他身邊前後左右斜排的八個同學都要一起站起來，『大十字』就是以他為主的橫排、直排所有同學都要站起來！」

「喔，但是老師才剛來，你怎麼知道他一定被你們打敗？」

「唉，最後不是累掛就是氣炸，命運都一樣悲慘啦！」

聊這個話題時，正巧我手邊讀著這本書的書稿，剛巧看到歐陽老師出神入化的《琵琶行》教學，因此立即提出反證。

「就是有高明的老師，喏，看，這本書的作者，他是高中國文老師，他教《琵琶行》的時候，講到琵琶女『猶抱琵琶半遮面』，正準備開講時，卻要同學把書本闔起來，然後立即放了一首經典名曲〈十面埋伏〉。這首曲子描繪楚漢爭霸的緊張情勢，殺氣騰騰，危機四伏，讓人彷若親臨千軍萬馬的古沙場。沒想到聽完之後，學生才是真正地『中了埋伏』哩，因為歐陽老師問他們：『如果你是唱片的發行人，現在要做一張《琵琶行》的專輯，你要怎麼描繪這首音樂呢？』」

當下，我彷彿是歐陽老師的化身，咱家三小子就是歐陽的虛擬學生，他們的雙眼盡是光與熱，我則故意吊胃口：「學生聽了樂曲，寫得出行銷案嗎？」

小子們的雙眼就要噴出火，我停頓大半晌才公布答案：「錯！學生們想破頭，最高明的也只想到一些老掉牙的成語，什麼風馳電掣啦、萬馬奔騰啦，就在大家腸枯思竭時，歐陽老師劃破凝結的空氣：『來，我們來看看白居易是怎麼寫的吧！』，這個時候學生們再回頭看《琵琶行》，便發現課本上早已不再是四平八穩的標楷體，而是字字傳神、絲絲入扣。」

小子聽得目瞪口呆，所有的表情化為四個大字：「請—繼—續—講」，於是，我乘勝追擊，又講述了歐陽老師怎麼用「潛力迴紋針」讓學生對自己擁有潛能深信不疑；設計「上帝的信箱」讓每個學生充當「上帝」來解決別人的問題；用稀奇古怪的辯題，比如：「和機器人談戀愛算不算戀愛？」「愛因斯坦和孔子誰比較適合當大學校長」等，勾引學生愛上動腦筋；當然，還有最精采的實驗，也就這本書的書名《飄移的起跑線》本文，讓孩子看懂不平等的人生，該怎麼拚鬥。

就在小子們眼神的熱度到飆到最高點時，我這個「說書人」嘎然而止，完全明白了一件事，那就是：「欲知後事如何，請待本書上市！孩子們，這本書由媽媽我轉述實在太可惜，就讓歐陽老師本尊來『戲』說從頭吧！」

是的，歐陽老師這本書很有戲，超會鋪梗的他，就是能把「硬道理」埋設在完美的「文字機關」裡，以至於，那些從我們大人嘴裡冒出來就成為災難的道德義理，那些我們迫不及待想塞給孩子的，關於生存、競爭、勇氣、追夢的遙遠神話，都變成了一則則妙不可言、感同身受的創意故事！

就讓歐陽老師用他機巧幽默的字字句句，來代替很容易就把孩子變成敵人的爸媽吧，那些難以下嚥的老生常談，將被輕輕地舉起、重重的「種」下，種在已不由自主「中了埋伏」的孩子的心田裡！

什麼？孩子根本不碰書，別奢望他翻開任何一頁？請放心，如果不拆穿歐陽老師的「底細」，光憑其文字的調性、節奏與特殊魅力，你最不會想到的，就是他是一個肩負著傳遞文學之美與文化傳統、文以載道等神聖使命的國文老師，他的文字有「抖音」的瞬間爆發力、有Youtuber的親民暢快感、有「人氣部落格」入口即化的好消化度！好神啊，一讀就停不下來的喔！

我更極力推薦爸媽師長一起閱讀，宛若珠璣的字字句句中，把歐陽老師與年輕世代溝通的方法學起來！

在兒子成為大學新鮮人的第一天，才得自於歐陽立中老師此書的靈感，就給他發了一個Line：

你若精采，蝴蝶自來，但是精不精采，是你自己的選擇，

現在開始，越來越不會有師長盯著你，爸媽再難管太多，
此刻開始，將是一場「與自己對弈」的過程，
設立短、中、長程目標，掌握一分一秒，
你的精采才有開始的可能！

推薦序

起跑線飄移，舞台不飄移

蔡淇華（作家／教師）

「老師你好，我兒子今年高中二年級，個性有點被動，每天放學回家來幾乎不讀書，手機不離身，一直沉迷於電動遊戲，過幾天他生日，我想買書送他，老師會有什麼推薦？」

收到這封信，我真的想不出有哪一本書強大到可以改變她的孩子。直到三天後，看到立中老師這本新書。「Bingo！我知道我找到了！」

學生將時間花在網路，立中老師會告訴你真實的世界：「同樣上臉書，高手的臉書是『資訊網』，而你的臉書只是『娛樂網』。」

這個學生浪費時間，立中老師一針見血：「別讓你的時間荒蕪了，你沒有殺時間的權利，因為向來都是時間在虐我們，我只圖，跟時間談場虐戀。」

學生討厭讀書，立中老師會義正詞嚴：「別急著把責任全歸咎在教育體制，因為高中是你選的，升學是你選的，你當然有義務要為自己的人生負責。讀書不是唯一的出入沒錯，但如果真的不愛讀書，該做的不是厭絕知識。」

這個學生嚮往自由，立中老師會說出世界的祕密：「能真正擁有自由的人，往往曾經對自己下過狠手。只是他們不說罷了。」

除了給學習動機，立中老師更教學習方法，例如，他把商鞅「治國四道」轉換成「學習之道」：

「強道」就是「死背」，效果最快看得到，但卻離真正的學習最遠。「霸道」

就是「理解」，需要花較多時間，但不再只是見樹，而是看見整片森林。「王道」就是「反思」，又要花更多心力，但你開始懂得逆向思考，不做知識的奴隸。「帝道」就是「應用」，效果最慢看得見，但在知識的複利效應下，終究成一家之言。「強記」是多數人的學習經驗，但在這時代，隨時都是變局，你記究的知識，也許明天就過時了。因此，「博學」才是解方。

立中老師更是個超級說書人，整本書由一則則精采絕倫的故事堆疊而起，聽立中老師說故事，常常讀著讀著就笑了，笑著笑著就哭了，哭著哭著就懂了。

我們會讀懂立中老師的一句忠告：「做時間的朋友，而不是做情緒的僕人時，才能避免不必要的衝突。」或是「有時候，絆住你的，不是你的能力，而是你的防禦力。防禦力？對啊！這世界能夠勝出的，都是那些能力強大，內心防禦工事也強大的人。」

會喜歡立中老師還有一個非常大的原因——他非常地善良！在品格沒人教，或品格不知如何的年代，立中老師教我們「結果，懂感恩的人，拿走了全部」。

（點頭如搗蒜啊！這是我這幾年最大的心得）

立中老師不是一個打高空的人，所以他應用「飄移的起跑線」在課堂上，讓孩子理解這世界的運行法，則是一個殘酷的遊戲，非常殘酷，但非玩不可。最後讓我們懂得《愛麗絲夢遊仙境》紅皇后說的那句話：「你必須拚命奔跑，才能留在原地。」

《飄移的起跑線》是一本教與學的百寶書，書裡有各種最酷、最有趣的教學法。看完這本書的隔天，我馬上應用「上帝的信箱」這個點子，讓學生向上帝問問題，還要扮演上帝回答其他同學的問題，這堂課效能極大，學生學會了傾聽、想像、與思辨。

立中老師是教學的魔法師，他教《諫逐客書》時，將戰國七雄比喻為七支棒球隊，哪一支能奪下總冠軍？關鍵就在於這些國君們，是否能在每局把安打串連起來。秦國的棒次排得漂亮，中心棒次分別是秦穆公、孝公、惠王、昭王、嬴政，打線一串連，攻得六國曳兵棄甲。

哇！太精采了，誰不想趕快上這一堂課！

這世界的起跑線還在飄移，若你不想被甩在後面，趕快打開《飄移的起跑線》，然後你就會像立中老師一樣，用更有力量的角度理解自己的名字——原來「立中」不是「立在人群的中段」，而是「我立在哪裡，哪裡就是舞台的中央！」

CONTENTS

Part 1

起跑

人生最怕的不是失敗，而是我本可以

Part 2

續航

進到我的教室，就是你改變的開始

Part3 學習

不是坐在教室就叫做學習了，而是……

Part4 衝刺

你知道很多道理，更該過好這一生

新版序

起跑線已經斑駁，而你正要精彩！

當編輯告訴我《飄移的起跑線》要出新版了！我既興奮，又抗拒。

興奮來自於這本書是我寫作的起點，那時我是高中教師，雖然有穩定的收入，內心卻渴望冒險；雖然在教室裡跟孩子們講課很開心，卻覺得要是能讓更多人受惠那該有多好。書裡多數文章，都是我在下班後的捷運回程途中寫的，在手機螢幕飛快打字，跟捷運競速，看是我文章先發，還是捷運先到。如果有所謂的

「捷運作家」，我絕對實至名歸。現在回頭讀起來，還是能從文字上感受到當時我的炙熱和赤忱，那是一種「因為不甘平凡，所以義無反顧」的橫衝直撞，這也正是很多讀者被這本書感動的原因。

不過，我又為何「抗拒」呢？因為寫下《飄移的起跑線》三年後，我辭去任職十年的教職，成為一位自由作家、講師、主持人。所以再回頭看當初自己寫的文章，甚至會一度懷疑，這真的是我嗎？怎麼可以熱血到如此不可思議？就像是你回到大學校園，走過每個角落，拾起青春回憶，畫面歷歷在目：跟球隊在大太陽下練球，只為拿下冠軍；在樓間來回穿梭，深怕趕不上下一堂課；跟同學在林蔭廣場練舞，為了一次無憾的演出。

自作多情地想著，然後我笑了。這不就是真正的我嗎？不管是什麼身分，只要我想做到，我就一定會奮不顧身地達成目標！當老師如此、成為作家、講師、主持人也是如此啊！我又何必在意自己已經不當老師，《飄移的起跑線》新版重出會讓你覺得扞格不入。而且更何況，我老告訴讀者：「人生最怕的不是失敗，而是我本可以。」「最怕一生碌碌無為，還要安慰自己平凡可貴。」「記住眼裡有光，心中有火的自己。」如今，我真的鼓起勇氣，離開我早已習慣的舒適圈，去攀登另一座山頭，不管前方濃霧遮路、荊棘叢生、雨雪風霜，我們都該為那個勇敢踏出去的自己喝采，不是嗎？

當然，豪情壯志之後，現實可不會因此對你而心軟。離開教職之後，開始出現好多的第一次：第一次感受到薪水戶頭不動如山、第一次糾結要不要做Podcast、第一次發現沒有教育散文的靈感了、第一次掙扎案子怎麼跟對方議價、第一次意識到自己沒有傘了，只能在雨中奮力奔跑……

每當這時候，我就會回頭，從書架上拿起《飄移的起跑線》，回到那個最勇往直前的自己，問問自己當時到底在想什麼？為什麼可以如此奮不顧身？怎麼做到不在乎別人耳語？以及，如何永保初心？

很神奇地，每每讀完，心理踏實不少。過去的我，竟成為我現在的人生導師。也讓我更加堅信《飄移的起跑線》這本書的意義，不會因為我不再當老師而黯淡無光，反而會因為你對夢想的嚮往而光芒萬丈！

也許當初那條起跑線，承載了你的委屈、不甘、和落寞。但當你真的瘋狂學習、奮鬥不懈之後，你會感謝那條不起眼的起跑線。如果沒有它，你不知道自己潛力原來如此勁爆；你不知道自己意志原來如此強悍；你不知道自己的人生原來如此精彩！

謝謝當初發掘我的編輯俞惠，起了故事的開頭；謝謝後來鼓舞我的編輯小世，留了故事的餘韻。更謝謝一路陪著我狂奔的你們，縱使生命一片乾涸，也始終相信那場雨，終究會來的。我們終究把飄移的起跑線，活出人生的無限！

作者序

那場雨，終究會來的

在英國有個小鎮，很久很久沒下雨了，大地一片乾涸，損失慘重。牧師看這樣不行，於是集合當地居民，準備在教堂進行祈雨禱告，希望上帝能垂聽，為他們降下一場大雨。

牧師告訴大家：「禱告一定要虔誠，真心相信，奇蹟就會降臨。」於是，有人大聲祈禱、有人淚流滿面、有人雙手合十，教堂裡一片禱告聲。

只是，望天上雲卷雲舒，就是沒有要下雨的意思。

有人停下禱告、有人開始懷疑、有人漫不經心……

「真的會有奇蹟嗎？」大家嘴上沒說，心中卻都是這麼想的。

突然想起高中往事，那時我讀成功高中，唸三類組。以為三類組「進可攻、退可守」，但沒想到卻是「進退失據」。我上課一聽到物理、化學就進入休眠狀態，因為一來沒興趣，二來聽不懂，成績當然慘不忍睹。

當時，我的班導是許玉華老師，她早耳聞我在課堂的「睡績」。但她也注意到一件事，只要我一站上台說話，就是全場焦點。同學說我妙語如珠、故事動聽，原本大家覺得意興闌珊的班會課，卻開始期待我上台會說什麼。

那天，玉華老師找我過去，她說：「歐陽，你唸三類組（理組）太可惜了，你能說能寫，如果到一類組（文組），一定會有更大的揮灑空間。」面對老師的指點迷津，我給她的回應是：

「老師，你是不是瞧不起我？」

是的，那時我自尊心強。雖然成績總是班上倒數三名，但卻誤以為自己是「黑馬」，只是還沒發威。所以，老師怎麼能趕走我呢？

我還記得，玉華老師面對我這樣的言語頂撞。她沒生氣，只是平靜的告訴我：「不是的，我只是覺得要把圓的硬是放進方的，那太辛苦了。」她是數學老師，連比喻都如此數學。

玉華老師花了很多心力跟我溝通，也和我爸媽長談。最後，我被說服了，決定轉到一類組。

沒想到，我那原本荒蕪的人生，下了一場雨，是老師為我帶來了這場雨。

後來，我唸國文系，畢業後當了老師，寫了些文章，出了書，有機會到些地方演講。每天都忙得很累，但累得很充實，因為沒有什麼比教學和分享來得更快樂。我突然想起了一句話：「每個人都是天才，但如果你要一隻魚去爬樹，他終其一生都會覺得自己是笨蛋。」是的，說出這句話的，就是那個差點被誤認是笨蛋的天才。

這人小時候語言發展遲緩，直到兩歲才慢慢會說話，家人擔心他日後有學習障礙。果不出其然，當他被送進德國的文科中學，這間學校著重語文教育，學生必須學拉丁文和希臘文。而他，就此成為課堂上的笨蛋。

後來，他去報考瑞士蘇黎世聯邦理工學院，他的語文成績奇慘無比，不符入學資格。可是，這間學校的校長卻注意到：他的數理分數高得嚇人，也許，他是被埋沒的天才。

校長找上了這大家眼裡的笨蛋，建議他再去讀一年高中，讀完後直接讓他進入瑞士蘇黎世聯邦理工學院，免除他最痛苦的語文考試。

他的人生原本一片乾涸，校長為他帶來了一場雨。於是，嫩芽破土而出，隨後成參天大樹。他是愛因斯坦，發表了「相對論」，被稱為「現代物理學之父」，成為「天才」的代名詞。

在教學現場，我看見許多被耽誤的天才。在某些科目上，他們黯淡無光，讓老師們搖頭；但在某些課堂上，他們光芒萬丈，讓你無法直視。偏偏，在升學考試之下，我們定義的天才是「全才」，國英數社自五科無死角，完美守備。

可是，他們常常是「偏才」，單科無敵，多科落漆；甚至，他們的才華還可能不在這五科，而在學科之外的世界。

身為老師，我們最大的矛盾，就在於：

一方面渴望找到孩子們的天賦，二方面希望成績能撐起他的夢想。

當然，若是「偏才」還好。最壞的狀況，就是有些孩子，不知道遠方在哪，未來對他們而言，是一片虛無：趕快畢業、找個大學唸、找份勉強的工作、過著不太滿意的人生，卻也無力突圍。

「有些人，三十歲就死了；八十歲才下葬。」

人生最大的悲哀，莫過於此。真正的死亡，並不是我們停止呼吸的那一刻，而是我們不再做夢的那一瞬。

是啊！就像當老師，考上正式教師是最難的；一旦考上了，就擁有一個摔不破的鐵飯碗。有人戲稱：「老師只要抱著六冊課本，就能過好這一生了。」

我還記得，剛考上教師那一年，我滿懷熱忱，想把每一課都講得如詩、如畫；課堂笑話我也精心設計，我喜歡充滿笑聲的教室。

不過，當同一課講了好幾遍以後。我發現自己講課更熟練了，但是，不知道為什麼，當初的感動卻不見了。就像是每次看選秀歌唱節目，有些歌手唱得明明很好，但評審卻說：「唱得太油，無法感動人。」不是我們教得不夠好，而是當同樣的課，缺乏生命的體會，以及創意的刺激，這文章就被我們講死了。

「踏出舒適圈」是讓課堂重新活起來的唯一方法。

我開始近乎瘋狂的跨域閱讀、進修學習、設計活動、分享文章。

跨域閱讀，讓我不再只停留在文人的視野，用各領域的知識，打造知識的複眼；進修學習，讓我不再局限於自己的專業，拜高手為師，練就技能的二刀流；設計活動，讓我不再以講述強迫收聽，而是用體驗，讓孩子們刻骨銘心；分享文章，讓我不再任憑歲月流逝，而是用文字，留下我們點點滴滴的努力，記錄自己，也造福別人。

這本書，就是我在人生路、教學場，按下快門，留下一道道的風景。他不盡然風光旖旎，但處處動人；他不盡然春意盎然，但句句逢生。

我把書中的文章分成四類：

起跑：青春的迷惘

人生最怕的不是失敗，而是我本可以

我知道在心靈雞湯橫行的年代，有人不再相信勵志文，覺得那都是冠冕堂皇。但是對於老師而言，如果我們的內心不夠強大，又怎麼帶給孩子們光和熱、未來與希望呢？我很喜歡寫勵志文，縱使生命有裂痕，但那都是光照進來的地方。如果你對未來迷茫，〈現在將就，人生也就醬了。〉可以點醒你；如果你屢戰屢敗，〈致對手：謝謝你，虐過我！〉可以帶給你再戰的勇氣。是的，人生最怕的不是失敗，而是我本可以。

續航：找出自我的天賦
進到我的教室，就是改變的開始

曾有記者訪問老師：「你覺得現在的教學現場如何？」這位老師回答：「我每天對著空氣說話，還要假裝自己很嗨。」相信老師們都深有共鳴。這是個注意力稀缺的時代，孩子們不見得像過去那樣專注認真，但他們充滿能量、充滿創意，而我們必須用對方法引導他們。如果你想讓他們學會思考和表達，〈如何訓練思辨？來場「觀點 Battle」！〉能給你一些啟發；如果你想讓家長日別開生面；〈一份出給父母的大考試題！〉能帶給你一些靈感。改變，不是要我們全盤翻新，而是在課堂裡，加入一點驚奇的調味料，讓我們的教學，變得更美味可口。

學習：現在放棄就輸了
不是坐在教室就叫做學習，而是……

我們得承認一件事，那就是：不是每個孩子都適合念書。但這話，並不是給孩子拿來當作不讀書的令牌。因為我想告訴孩子們的是：「你可以不愛讀書，但是不可以放棄學習。」學習做事方法、學習溝通表達、學習時間管理……為什麼學習這麼重要？因為人生並不公平，只有透過學習，你才有機會上演一齣絕地反擊的故事。〈為什麼要學習？飄移的起跑線！〉寫的是我教荀子〈勸學〉時，帶過的一個課堂活動，後來這篇文章，在網路上引起熱烈的迴響。讓我開始明白：把我們的教學創意，記下來、寫出來、傳出去，是這個時代最重要的一件事。多少人，會因為我們而受惠？多少人，會因為我們而改變？更重要的是，因為你的存在，而讓這個世界有了意義。

衝刺：保有迎向未來的初心
你知道很多道理，更該過好這一生

道理我們聽了很多，但為什麼很多人終究過不好這一生？答案很簡單，因為我們忘了用道理去實踐人生，也忘了從人生去領悟道理。其實，我們絕對有本錢過好這一生的。〈結果，懂感恩的人，拿走了全部。〉告訴你為什麼感恩的人，反而擁有的最多；〈四十天，是你和媽僅剩的時光〉告訴你要怎麼重新計算我們與親人的相處時光；〈格局決定成就！〉告訴你為什麼格局這麼重要。希望這些文章，能幫助你重新奪回人生的主導權。

回到開頭的那個故事吧！教堂裡，聚集著祈禱的信眾，雨仍未下，空氣裡瀰漫的不是水氣，而是迷惘與懷疑。這時，門外跑進來了一個女孩，氣喘吁吁，眾人看向她。女孩說：「對不起，我來晚了，因為走到半路，我才發現自己忘了帶傘。」女孩拿出了一把傘，接著說：「所以，我回去把傘帶過來了。」眾人先是一愣，隨即是一陣又一陣掌聲，掌聲如轟然巨雷、如滂沱大雨。

比奇蹟更重要的，是相信。相信自己會更好，相信明天會更好。

縱使生命一片乾涸，相信我，那場雨，終究會來的。

PART 1

起跑

青春的迷惘

人生最怕的不是失敗，

而是我本可以！

現在將就，你的人生也就醬了。

不知道你有沒有被指定吃什麼餐的經驗？

我有。

有次我跟朋友吃飯，不知道為什麼，大家總覺得都要吃不一樣的，這樣才能交換菜色，感覺最划算。

「那我選牛小排蓋飯。」「我點豬排飯。」「那我就烤魷魚飯！」大家紛紛喬好自己要吃什麼了。「那我也點牛小排飯！」我接著點。

「蛤？歐陽，不要啦！牛小排飯阿輝點了啊！」「你吃烤雞腿飯啦！再跟阿輝換幾塊牛小排不就好了？」朋友們你一言，我一語，頭頭是道。

「這樣啊！好吧！那我就點烤雞腿飯。」可能是我腦波弱吧！我答應了。

「耶！」大家一陣歡呼，想著我的烤雞腿，口水直流。只是，那頓飯，大家吃得特別開心，可是我吃得特別委屈。我真正想吃的是牛小排飯啊！而且，我沒說的是，其實我昨天吃了肯德基炸雞，對雞腿特別過敏。

雖然阿輝換給我一塊彌足珍貴的牛小排，但大多時間，我還是吃了不怎麼想吃的雞腿。眾人笑吟吟，我苦哈哈。

這要怪誰？怪我選擇「將就」。

人生最大的悲劇不是失敗，而是將就。失敗，好歹還有個悲劇英雄的頭銜，但是將就，你的人生就醬了！成為nothing。

更悲催的是，大家還以為你過得很好，但其實你根本痛苦萬分，而且還不知道去哪訴苦，因為，是你自己選擇將就的。

學測放榜了，許多孩子會面對這兩道最難的題目：

一、申請一個不怎麼樣的系，還是準備再拚指考？

二、選一個師長覺得有前途的系，還是選一個自己喜歡的系？

這兩道題目說穿了，其實是在問你：你要選擇「將就」，還是「突圍」？

「將就」有兩種：

第一種將就，是你屈服於自己的懶惰。

我看過很多學生，原先志願高大上，分數出來，不如預期，然後說要再拚指考。你還真的認真唸了幾個禮拜，但等第一波繁星結果出來了。班上頓時分成兩個世界：大學生和指考生。

大學生每天看起來神清氣爽，連放屁都有一股青草香；指考生每天看起來面黃肌瘦；壓力大到宿便了好幾天。

於是，你心中開始動搖，重新翻了翻手上的申請簡章，不小心翻到那些你曾看不上的校系，但是，卻停在這頁特別久，還偷偷填了幾個。然後對外宣稱，我只是去申請著玩，上了也不會去唸，哈哈哈！

第二波申請結果出來了。大學生陣營又更聲勢浩大了，原先說好一起「指日可待」，但現在你更孤獨了。

更慘的是，那個你填著玩玩的系，還真的上了。這下你騎虎難下，說好不去唸，但你最後卻偷偷去報到了。你說其實這系我很喜歡；你說其實這校風光明媚；你說了很多很多……卻絕口不提：對不起，是我將就了。

可惜了，你屈服於自己的懶惰，只有在找藉口的時候最勤奮。

第二種將就，是你屈服於別人的期待。

我最怕聽到這麼一個句型：「我很想唸××系，但我爸媽覺得○○系才有前途。」

每次聽到我都很不忍，用盡全力想挽留住你的夢想，但常常留不住，因為你選擇了將就：「沒關係啦！因為我爸媽都是唸○○系，後來也從事相關行業，所以我覺得OK。」

一・點・也・不・OK！

那是他們的前途，不是你的；那是他們的戰場，不是你的；那是他們的人生，不是你的！

親愛的孩子，人生不能將就，你將就，你的人生就醬了，能活，但活得黯淡無光。親愛的家長，夢想不能世襲，你世襲，你的孩子就苦了，會笑，但笑得比哭還難看。每個孩子都是獨一無二的，不是你的複製品，或是贗品。

孩子，也許你會說：「我爸媽不會答應的。」可是，你沒試，又怎麼會知道呢？也許你會說：「我爸媽會生氣、會難過，我捨不得。」喔不！其實是你不敢。

因為勇氣是逐夢的稀缺資源，而你沒有。

桂綸鎂你知道嗎？

就是7-ELEVEN的CITYCAFE廣告上，那位很有氣質又漂亮的大姊姊，喝一口咖啡，然後甜甜笑著說：「整個城市都是我的咖啡館。」

害我都只買7-ELEVEN的咖啡。

她因為拍了電影《藍色大門》而聲名大噪，但你不知道的是，這扇電影之門，桂綸鎂開得多沉重。

桂綸鎂在西門町被星探挖掘，要找她拍《藍色大門》，她超開心，因為她的夢想就是成為演員。興沖沖地回去告訴父親這好消息，父親只是一聲：「不准去。」她力爭，但氣氛越鬧越僵，父親的分貝越來越大。

如果是你，你甘願將就嗎？

她沒哭，只是眼神堅定地看著父親，她不反抗，但也不妥協。

父親希望女兒將來成為外交官，但那一刻，他從她的眼神發現了，堅定夢想比什麼折衝樽俎的外交技巧，更銳不可擋。那是她爸第一次妥協，桂綸鎂用勇氣推開了藍色大門，從此，海闊天空。

記住，**人生最痛苦的，不是失敗，而是我本可以。**

畢卡索曾說了個雞湯：「我媽告訴我：如果你當兵，你會成為將軍；如果你當神職，你會成為教皇。但是，我想成為畫家，所以我成為了畢卡索！」

勵志到破表啊這故事！

成績不能定義你、職業不能定義你，只有夢想才能定義你是誰！

拜託，千萬別將就，你現在將就，人生也就醬了。

我寧可在將來，看到你為夢想忙得焦頭爛額，也不願見到你，活在別人的期待裡鬱鬱寡歡。

致對手：謝謝你，虐過我！

我特別喜歡一則故事。汽車界的愛馬仕「BMW」創立一百週年。這天，出現了一則廣告，大肆祝賀BMW生日快樂。上面寫著：「感謝BMW這一百年來的競爭，沒有你的那三十年，是有些無聊。」這則祝賀廣告，是賓士汽車發的，BMW最大的宿敵，汽車界的LV。

看到這裡，我全身起雞皮疙瘩了。

是什麼樣的氣度，能坦然大方地向對手祝賀，還感謝對手百年來的競爭。

故事還沒結束，賓士還邀請所有BMW的夥伴，可以免費參觀賓士博物館，並提供最好的停車位和特色餐點。

這才是真正的高手過招啊！**不抹黑、不藏招、明晃晃。檯面上彼此鬥得火熱，但卻不希望另外一方倒下，不然，偌大的擂台，空盪盪，多寂寞啊！**

相較起來，可口可樂和百事可樂總是互黑對方，頓時落於小孩鬥嘴，硬是矮了一截。

其實，我們痛苦，多半來自對手，輸了，痛苦；努力還輸，更痛苦；你只能望著對手的背影奮力奔跑，但不管你再怎麼跑，你們之前的那段距離，卻從未改變。

人生絕望，莫過於此。

我國小功課超好，永遠第一；後來國中進入資優班，怪了，第一名我永遠構不著，在我前面，是一個更強大的身影。他永遠玉樹臨風、逍遙寫意，根本是滿分製造機。

一開始，我不服，覺得是自己還沒出上全力，於是本來唸到十二點，我改唸到半夜二點。

結果，考試出來，他仍然玉樹臨風，我狼狽裝瘋。

我仍然不服，決心找出答案，後來我找到答案了，問題出在：名字。名字？對，是名字，錯不了。他叫聖傑，而我叫立中。

這……有什麼問題嗎？

那陣子我媽快被我煩死了。我瘋狂跟她抱怨：「媽，都是你啦！為什麼把我取名為立中，立中、立中，立在中間，根本萬年的老二命啊！你看看人家叫聖傑，又神聖、又傑出，還沒打，我就先輸一半了。」

我媽只是苦笑。你懂的，當努力未果，人會尋求各種反常的邏輯，尋求安慰，來逃避現實的不堪。

後來，我無意間得知自己名字的祕密。已故藝人高凌風說過一句話：「只要我站在哪裡，哪裡就是中間。」

媽呀！好霸氣啊！好勵志啊！

所以我媽不是要我當萬年老二，而是她想告訴我，凡我所站，皆是中間，舞台是圍繞著我而轉的。

我懂了，但也遲了，因為聖傑又考第一名了。

我還是不服，重新歸因，最後得證：他是書呆子，我是運動陽光男，所以他考比我好，很正常啊！哇哈哈哈哈哈哈！

那時，我還沒讀過魯迅的《阿Q正傳》，但我懷疑魯迅是穿越時空，偷聽到我這故事，才有了《阿Q正傳》的靈感。

我特阿Q，特不要臉。

很多年後，我準備考研究所，老師不會盯你，父母不再管你，研究所考試就是一場與自己對弈的過程。很多人準備著、準備著，就放棄了。

但是我發現，我讀書卻帶有一種狠勁，沒唸到預設進度，絕不休息。

考古題我每題都寫，申論題，每題至少要飆五百字，我一天練十題，五千字。結果晚上吃飯，拿筷子的手都是顫抖的。

我享受自虐的過程，越虐，越痛快。

研究所放榜，中文研究所前三志願：台大、政大、師大，榜單上面，都有我的名字。突然，我開始想念聖傑了，如果沒有那段日子，我不會練就讀書的狠勁；如果沒有那段競爭，我不會練就拚命的個性。

謝謝你，虐過我。

若說一個最灑脫的古人，你會想到誰？十之八九，會回答：莊子！

莊子老婆過世，他在那邊鼓盆而歌，世人嚇到骨盆下滑，這根本比川普還狂啊！莊子連自己快要死了，還不准弟子把他放進棺材，要他們把自己隨意扔在荒郊野外。

弟子說：「不行啊！老師你會被老鷹和烏鴉吃的。」

結果，你知道莊子怎麼回嗎？他說：「齁，啊你們把我埋到地下，我的屍體就換被螞蟻和蟲子吃啦！你們真偏心、真小氣，憑什麼老鷹不能吃，螞蟻就能吃。」

弟子被莊子搞懵了。

但是你知道嗎？莊子曾因一個人不灑脫那麼一下，大概兩秒。誰？他生平最大的對手：惠施。

這兩人，可以為了魚快不快樂爭辯一時；可以為了相位是不是腐鼠鬧上半天；可以為了葫蘆瓜到底有沒有用互嗆一天。他們是冤家、是對手，一輩子都在吵鬧、互嗆中度過。

直到惠施過世了。

莊子來到惠施的墳前，心想：這下子你不能再嘴我了吧！但是，不知道為什麼，一陣失落感鋪天蓋地而來，壓得莊子喘不過氣。

他轉身，跟弟子說：「來！老師跟你說個故事。」弟子還來不及說不要，莊子就講起來了：「從前有個郢人，他最喜歡做一件事，就是弄的一鼻子灰，然後叫匠石用斧頭幫他砍掉這層灰，那灰啊！薄如蒼蠅的翅膀。只見匠石運斧如風，刷地一聲，灰掉了，鼻子還在。

周圍的人看了恨不得給他們打賞，這是魔術？還是行動藝術啊？都不是，是正宗「玩命關頭」。

後來，有個君王知道了，要匠石進宮，也給他表演這麼一下。結果你們知道匠石怎麼說嗎？他說：「以前我是辦得到，但郢人過世之後，我就再也辦不到了。」

故事講到這，沒等弟子反應過來，莊子就自顧自地走了，從沒看過，如此孤單的莊子。一陣風吹過，剛帶走莊子的呢喃：「惠施啊！你死了以後，就再也沒有可以跟我深談的對手了。」

一顆飽滿水滴落在青草上，下雨了！莊子說。剛有人落了一滴淚，但他是不會承認的。

如果惠施能從陰間發封簡訊給莊子，我敢打包票，簡訊的內容會是這樣的：

「致莊子：謝謝你，虐過我。」

致人生中最強大的對手們，因為你們的存在，我們才找到活著的意義。被虐了，很痛，但沒有你們，更痛，我們承受不住舞台的空蕩與寂寞。

我就喜歡看你討厭我，卻又幹不掉我的樣子。

這篇可能有點殘酷，建議你別看。但如果你常被別人嫉妒心濺到，那請你務必含淚讀完。

前幾天，教到一首詩歌，清人施士洁寫的。裡面有一句我特別喜歡：「不覺目隨高鳥遠，悠然心引片雲長。」我說啊，這「不覺」兩字用得特好，為什麼你的目光會不知不覺仰望呢？因為天空有鳥飛過，而你不想錯過。所以你的目光、你的心，就跟著鳥呀，飛啊飛的。

一個人的格局，取決於他的目光朝哪看。如果你只是盯著地上的螻蟻，就會錯過遼闊的天空。

我跟孩子們說，有時候，絆住你的，不是你的能力，而是你的防禦力。防禦力？對啊！**這世界能夠勝出的，都是那些能力強大，內心防禦工事也強大的人。因為太多人用嫉妒心在開無雙，你躲都躲不掉，硬扛血條直接扣到底。**

曾經跟一位老師聊天，他很熱衷用卡牌遊戲融入課堂教學。但是市面上，沒有剛好符合課文的桌遊啊！他只好自己上網找圖，用word做陽春的編排，熬了好幾個不眠的夜，終於滿心歡喜地把遊戲做出來了。印出遊戲原稿後，他還得一張一張地剪，還一大堆的配件要分裝。他很累，但心裡很雀躍，「孩子們一定會永生難忘的。」他想。

是的，的確永生難忘，只是永生難忘的是他自己。一位資深同事經過，看他遊戲弄得不亦樂乎，只丟下了一句：「齁，課都上不完了，還有閒情逸致帶學生玩遊戲。」

那瞬間，他傻住了。

因為他本來是要跟這位同事，分享他的遊戲教學，邀他一塊共襄盛舉。豈知，先被濺得滿身泥濘。不知道從什麼時候開始，他發現自己變得很侷促不安。遊戲教學是他的愛，但感覺卻像在做壞事。

在課堂上帶遊戲總是小心翼翼，學生玩到嗨笑聲稍微大了點，他趕緊噓噓噓地著急提醒，怕引來警方的關注，噢，不是，是其他老師的關注。

這世界最可怕的，不是你沒有上進心；而是你太有上進心時，有人破璃心碎，有人嫉妒心起。你說，為什麼會這樣呢？各做各的就好啦！還管別人做什麼。是啊！如果這世界沒有比較心，一切都會很美好。偏偏，有些人自己不上進，還怕你太上進反襯出他不上進。這什麼邏輯啊！

據說，抓螃蟹是不用把竹簍蓋上的，竹簍裡滿滿的螃蟹，但牠們一隻也爬不出去。因為，當一隻螃蟹奮力地往上爬時，其他螃蟹會奮力把牠拖下來。其實，很多職場，就像是這個竹簍，上進的人想要衝，要廢的人拚命拖著他，最後，誰也不敢衝，整間公司也就廢了。

如果我剛好刺中你的痛，也請你原諒我，但這世界，就是這麼回事。你無法激勵他們跟你一樣上進，因為裝睡的人是叫不醒的；你也無法躲開他們的冷言冷語，因為這是他們相濡以沫的方式。

你只能為自己內心，建造一個更強大的防禦工事。非常時期，要用非常手段。

別想要跟他們解釋，因為朋友不需要你的解釋，而敵人不相信你的解釋；是敵是友，我想以你的智慧應該判斷得出來。

你必須以賤制賤，不要人家一說你就檢討自己，他們都不檢討自己的不上進了，你還檢討自己幹嘛。

請你在心中嘿嘿冷笑，告訴他們：「我就喜歡看你討厭我，卻又幹不掉我的樣子。」這是我在網路上看到的句子，簡直相見恨晚啊！多爽、多痛快！上進本就該是如此的理直氣壯。

別說職場，在班上也是。沒人自願當幹部、沒人想要回答問題、沒人想要參加比賽。其實不是學生真的不想，而是他們怕被別人說愛現。可是，**人家說你個愛現，你就把成功的彩券撕個稀爛嗎？那你也沒什麼好怨，你輸在內心不夠強悍。**

課堂上有感而發講完這段話，從學生的表情看得出衝擊很大。但沒辦法，我不能整天告訴你真善美，結果你出來發現這世界假惡醜，從此自暴自棄、甘於平凡。其實，**這世界還是美的，但你內心必須強大到扛得住嫉妒，才有資格看得到。**

下課後，有個學生叫心怡，畫了一張圖給我看，配上文字。是一隻奔跑跳躍的黑豹，下面就這句話：「我就喜歡看你討厭我，卻始終幹不掉我的樣子。」

是的，那天我穿著PUMA的T恤，在台上講了這句顛覆他們三觀的話。

她把這兩者結合起來了。我很滿意，恭喜你們的心靈城池從此固若金湯。

我是因為她，才決心與天爭勝！

我真的非常、非常不會寫愛情文。

我內心情感澎湃，但說不出口、寫不成篇。因為總覺得，怪肉麻的。對我而言，愛情就是細水長流，沒有什麼驚濤駭浪或石破天驚，那些，都是電影吸引你買票進場的手段罷了。

情人節，一個尷尬無比的節日，花店把情人當凱子削，餐廳把情人當貴賓供。

我結婚三年，但認識十年了，另一半節儉，要我情人節別買花，貴死了，但又說女生說不要就是要，搞得我有點不知所措。

有人問，在一起十年是怎樣的感覺啊？

這很微妙，就像是空氣，她在我身邊，我沒啥感覺，但她一不在，我就覺得快窒息。有相戀超過十年的朋友，應該知道我在說什麼。

我超不浪漫，不會說我愛你，想偷送禮物還會被發現，又常忘記結婚紀念日和情人節。但是，我必須說：

「我是因為你，才決心與天爭勝。」

天底下好女人很多，但要辨識很難，就像是挑鑽石一樣，同樣晶瑩剔透，但是有真有假。寫幾則愛情的小事吧！如果你的女朋友符合其中幾點，別猶豫，趕快求她跟你廝守終身。

一、她永遠不在網路上連載世間情。我發現一件事，很多人在生活中很壓抑，但在網路上很奔放，奔放到無所不說。常看到很多人會在臉書上幹譙另一半。把對方白目事蹟一一羅列，然後號召姊姊妹妹站出來，群聲撻伐，聲勢浩大。

我看了都是心驚不已，一來這些白目事都有我的影子，二來好險另一半從來不會這樣幹。**你的愛情如果像是「世間情」，不定時連載到網路社群，你罵爽了、情緒發洩完了、感情也完了。**

真正的感情問題，是無法透過網友的讚或是哭臉能解決的，而且說實話，多半湊熱鬧、看笑話的多。

我的另一半的情商超高，即便我再怎麼犯蠢，她從來不會把我寫進網版世間情。就只是靜靜地等我腦袋清醒。

二、她永遠不逼你做選擇。我有個朋友，我們都超愛打籃球，沒事就泡在球場上，練一堆有的沒的怪招，太陽很大，我們心裡很熱。

後來，我朋友交了女朋友，一開始，他女友會陪他在籃球場，說是喜歡看他打球的樣子。於是，我們就繼續沒天沒地的打球。後來，他們熱戀期慢慢過了，我依舊找他來打球，但我朋友開始面有難色。他告訴我，女友覺得他花在球場的時間太多了，多過於陪她的時間。

我開始不懂了，不是當初說喜歡看我朋友打球嗎？後來我才知道，談戀愛剛開始也有客套話。我朋友漸漸不打球了，手上握得不再是濕毛巾，而是女朋友的手。

我很幸運，我的另一半從不逼我做選擇。我愛打球，她要嘛陪，要嘛找事做；我玩桌遊，她要嘛玩，要嘛看小說；我寫文章，她要嘛睡，要嘛看影片。

她不要求時時刻刻，只是靜靜地讓我做喜歡的事，所以我更喜歡她了。

三、她在你一無所有時就梭哈。唸國文系是件浪漫的事，但如果是男生唸，可能就不是了。是的，我大學唸的是國文系。唸文學碩士是件牛逼的事，但如果背著房貸念，可能就不是了。是的，我後來留職停薪寫論文。

我經歷過那兩個時刻，大學最常被人家問你將來要做什麼，他們都已經預設國文系沒有將來。研究所最常被人家問你論文何時寫完，他們都已經預設寫論文跟喝水一樣容易。

這兩個時期，我一無所有，有的只是青春，以及對未來的迷茫。但我的另一半啥也沒問，就直接梭哈了。她不是傻子，就是賭神。

我還記得，那年我留職停薪寫論文，當了一年的小白臉，家裡開銷全由她一肩扛起。每天早上，我目送她上公車，就回到空蕩的家裡，吭哧吭哧地打論文。每天她工作回來，會問我今天打了幾個字。我都說二千，但很多時候多加了一個〇。我爸媽幫忙扛了房貸，剩下的，就是我們的事了。沒錢買書，跟她拿；看到桌遊想買，支支吾吾跟她請款，她從沒皺過任何一次眉頭，全部梭哈在我身上。

我邊玩邊寫，認真玩桌遊，苦命寫論文，終於狼狽地通過口試，順利畢業。此後，我等到複利的引爆點，把籌碼全贏回來了。

我想說她是賭神，但不對，她應該是傻子才對。可是，**在愛情的世界，傻子比賭神更可敬，賭神靠的是算計，傻子靠的是相信。**

她始終相信我會成功。

如果，**你覺得跟心愛的人在一起，就算天崩地裂也沒關係，只要有彼此就好。很浪漫，但愛情不能只有詩和遠方。他需要一股與天爭勝的傻勁。**

在此之前，我是沒有的，平平凡凡地過一生，那就好了。但遇到她之後，我開始與天對弈，國文系不夠看，是嗎？我拚給你看。當老師沒前途，是嗎？我玩給你看。當作家會餓死，是嗎？我寫給你看。

我是因為她，才決心與天爭勝。

如果看著你的另一半，你突然也有與天爭勝的勇氣，我想，那就是愛情了。再也沒有什麼比這更接近永恆。

誰跟你隨緣？強者忙著結緣

每次演講，我喜歡做個小實驗，我會先告訴聽眾，自己能出書和演講，是貴人提拔。但怎樣讓貴人發現你？就是想辦法讓貴人記住你。演講最後，我會留下個人臉書，告訴大家，歡迎跟我線上交流，但稍微跟我介紹你是誰，我優先加你好友。

然後，我就會偷偷觀察，哪些孩子日後最有貴人運，你們猜猜，是國小生、國中生、高中生、還是大學生？

哈維・柯爾曼說過一句話：

「影響一個人晉升的因素中，工作表現只占一〇%、給人印象占三〇%、而在組織內曝光機會則占六〇%。」這裡談的是晉升，但用在人生晉升也很適用。

關鍵字就兩個字：曝光！

茫茫人海中，你如何讓人看見？多數人覺得凡事隨緣，他們信奉三顧茅廬的故事，只要自己是有料諸葛，劉備一定照三餐登門拜訪問候。

問題是，你真的是諸葛嗎？另一個問題是，人才太多，劉備腦容量有限，已經不搞登門拜訪這套了。

我聽見諸葛們，玻璃心碎了一地的聲音。

前陣子，看見知名作家許榮哲寫的一篇文章，特別有感。

他在某間大學講課，到了期末最後一堂課，他請同學上台分享自己的故事，可以加三分。偌大現場，鴉雀無聲，只有加三分、加三分的回音……

榮哲再加碼放送，說今天誰上台被我記住了，以後這人需要幫忙，我列為優先人選。只可惜我不在現場，不然我說什麼都要衝上去啊！

最後有三位同學上台，分別是台大跨校生、對岸交換生、馬來西亞留學生。只是，他們都不是這間學校的學生。最後榮哲有感而發說：「這是你們學校主場，你們有一百七十多個人，外校對手只有十幾個人，但為何我最後記住的卻是：台大、大陸、馬來西亞？」

可惜了，他們不知道自己錯過了什麼。

幾年前，我閉關寫論文，因為寫論文太痛苦了，所以我到處報名聽課。跑去參加榮哲的文學桌遊工作坊，第一天課程結束前，榮哲要我們隔天就要做出一款桌遊。這時，大家心中人氣字母是F、人氣注音是ㄍ，其實我也是。差別在，我整夜沒闔眼，硬是把桌遊做出來了。最後，我的這款遊戲，被票選為「最厲害的遊戲」。

從那刻起，命運的齒輪開始轉動了。

榮哲記住了我，找我回去當助教、後來當講師、然後然後，他找我合寫了一本書，這本書賣得很好，叫做《桌遊課》。回想起來，如果我當時回家就隨緣入睡了，還有機會跟人生的貴人結緣嗎？

後來我養成一個習慣，只要去聽任何老師的課，我課堂上都會提問、課後會去找老師聊攀談、回去還會趕快寫課後心得。

因為有結緣，才會有結果。

後來我靠這招，認識了溝通講師曾培祐，他運課是我看過最厲害的。講課有梗、活動有趣、引導有效。我好想學，好想學，好想學！

他的課我幾乎全部都報名了，聽著聽著，學著學著，我的教學技巧開始飛快進化。這些都是我人生中意外的旅程，但遠比意料內的行程，刺激瘋狂太多了！

所以，聽演講時，你會怎麼做呢？是坐到第一排，還是躲到最後一排？是跟講者有問有答，還是忙著回你臉書上的訊息？演講結束後，是回去發心得文，謝謝講者，也見證認真的自己？還是倒頭就睡，覺得今天好累？

當你處處隨緣的時候，那些強者正忙著結緣，忙著讓貴人永永遠遠記住他。

公布我的實驗結果，在我所有學生課程演講中，最會跟講師結緣的是：「高雄陽明國中」的學生。

那天，老同學鈺婷邀請我去演講，對象是陽明國中國一、國二生，孩子們聽得專注、答得踴躍。更驚人的，回家後我上臉書，被滿滿的訊息灌爆，都是滿滿陽明國中的孩子。重點是，他們不是只寄個交友邀請喔！是會私訊跟你禮貌問好，還會說感謝你帶來精采演講，再請你加他們為好友。

我的天吶！

要嘛就是他們太懂事；要嘛就是他們老師太會教；但我相信：兩者皆是。孩子們，這個緣我們結定了！

記得，**人生要自成磁場，用全力把貴人留在身邊。**

當你連恐懼都不怕，人生還有什麼好怕的？

記得我在中區文創營為孩子們上演說課，有件事讓我印象深刻。

當時，我請大家思考，魅力演說應該具備哪些要素？讓孩子們輪流起來分享。後來，該講的要素都被講完了，但我不死心，想繼續讓學員爆腦，因此問說，還有沒有人有新的想法呢？

大家一片靜默，頭低低的，深怕與我四目交接後被欽點發言。這時，有個女生舉手，孩子們像是獲得救贖，我也是。於是趕緊請她跟大家分享。

結果她的嘴唇微顫、字句吞吐，講了一串讓人不是很能理解的答案。但看得出，她很努力讓自己擠出些字句。我接過麥克風，問了她一個問題。「公開發言的感覺怎麼樣？會不會緊張？」

她用力點點頭，說很緊張。我接著問：「那你為什麼還願意講？」她說：「因為我想努力講講看。」我給她一個微笑，轉身對所有學員說：

「各位，你們有沒有看過一個銀行廣告，這廣告非常簡單，就是一個小男孩，緊張的坐上雲霄飛車。列車啟動，速度非常快，小男孩哭了出來。直到雲霄飛車慢慢停了下來。小男孩收住淚水，破涕為笑，並說了一句話：我還要再玩一次。」

這個廣告想傳達什麼呢？**恐懼，多半是你自己想像的，過了，你才發現，一切沒你想的那麼嚴重。**

「這位同學很怕，但她願意舉手講，講得好不好根本不是重點，重要的是，當她講完的那一瞬間，她就戰勝了恐懼。**一個連恐懼都不怕的人，未來人生還有什麼好怕的。**

「啪啪啪啪啪！」突然間，台下爆起一陣如雷的掌聲，是要給這位超越恐懼的女生。

很多人問如何我站上台不要怯場？答案很簡單，那就是徹徹底底的怯一次場，心臟就會變大顆了。

我小學第一次爭取參加演說比賽，結果爭取到了之後才發現，竟然是閩南語演說比賽，重點是，我根本不會講閩南語啊！

怕不怕？當然怕。糗不糗？糗翻了。

後來我硬著頭皮準備，我爸媽帶著我寫完稿子，開始努力狂背，學閩南語發音，但完全急救無效，因為比賽就在三天後。

最後，索性用注意符號標注閩南語，我就這樣拿著這個講稿，完成人生第一次的演說比賽。結果你知道的，能平安下台就不錯了，得獎就別想了。

但是此後，我發現站上台對我而言輕鬆多了，為什麼？因為最糗、最難堪的都經歷過了。不會講台語都敢比賽了，更何況是拿手的國語呢？

是的，當一個人連恐懼都不怕，人生就沒有什麼好怕的了。

就像是蝙蝠俠，為什麼選擇蝙蝠做為英雄形象？是因為他喜歡蝙蝠嗎？恰恰相反，事實上，是因為他小時候掉進洞裡，蝙蝠齊飛，造成他莫大的恐懼。

所以當他成為超級英雄要出道時，他選了蝙蝠，為的是**讓自己逼視心中，那最深的恐懼。戰勝恐懼，你才值得擁有無懼的力量。**

你在別人心中，留下代表作了嗎？

高三迴廊寧靜如冬日的空氣，都在為學測做最後衝刺，久違的陽光從窗隙斜照進來，伴隨一個令人振奮的消息：「璽元錄取台大化學系了！」原來是台大的「希望計畫」，這個計畫鼓勵家境清寒的孩子，累積資歷，透過特殊管道申請，不用考學測，就有機會直接錄取台大。很好康，對吧！但是錄取機率很低，三百多個只錄取三十個左右。

我想起前兩個月，璽元來辦公室找我，他說：「歐陽老師，我要申請希望計畫，我可以請你幫我寫一份推薦信嗎？」我不是那麼輕易會幫人寫推薦的老師，因為推薦對我而言，很沉，必須押上我的信譽來擔保。所以，除非確認這位學生值得我推薦，否則，我通常會委婉拒絕。我不能用溢美之詞來包裝一個人，這樣對大學不厚道，也誤了這學生。

「沒問題！我幫你寫。」但璽元一問我，我幾乎想都沒想就答應了。為什麼？因為這孩子曾在我心中留下代表作。

在高二時的國文課，那時教到《魯智深大鬧桃花村》，我給任課班出了一項創意任務，就是錄製一支這篇小說的「廣播劇」。但是，我給的時間很短，只有三天。一來我想考驗他們能力，二來我也不希望他們花太多時間。

本來我沒報什麼期待，畢竟這事不容易完成。但三天後，我走進班上，八班的學生告訴我，他們完成了。我吃了一驚，但這還不夠，當他們打開廣播劇的時候，我又再度為之震撼。因為，這是我聽過最專業、最有水準的廣播劇。這部廣播劇，除了廣播開場詞不說，裡面每一個細節都毫不馬虎，包括迎娶的鑼鼓喧天、山賊的快馬奔騰、魯智深的拳腳聲……我不誇張，光用聽的，就感覺《水滸傳》在你面前上演一樣。

我太驚豔了，連忙問：「這部廣播劇是誰執導的？」八班學生告訴我：「是陳璽元。」從此，我記住了這個名字。下課後，我把璽元找了過來，問他：「在這麼短的時間內，你怎麼有辦法帶大家把這部廣播劇完成？」他的回答簡單得不像話：「因為我想把這件事做好。」但是，就憑這句話，我直覺，這孩子未來無可限量。

就在我幫璽元寫推薦函的同時，看了他的學習歷程檔案，我發現，精采往往是自己的選擇。除了課業之外，他參與了偏鄉服務、赴日交流、國際志工、學校服務隊……璽元的高中生活精采萬分、目不暇給。我洋洋灑灑為這孩子，寫了一千多字的推薦信，不是因為我很會寫，而是因為他值得。

兩個月後，璽元成功錄取台大化學系，下課後他特別來辦公室謝謝我，老師們也一起給他最深的祝福。他能申請上，當然是他三年來的努力，我的推薦信不過就是見證他的耕耘。但我想說的是，**你在別人心中留下「代表作」了嗎？不用多，一部就夠。不是成績的高低、也不是討好別人，而是你真真切切地，為一件事情奮不顧身的那股熱情，不計利害得失、不顧天崩地裂，就是把一件事做到超乎別人預期。**恭喜，那就是你的代表作了。

人生當中，貴人都在你我身邊，只是有些人不斷錯過，有些人不斷遇見。差別在哪？很簡單，**「不是凡事隨緣，而是嘗試結緣。」而你無意中完成的代表作，就是讓自己和貴人結緣的紅線。**

怕我們成功的速度，追不上父母老去的速度。

稿件交了、課程也錄完了，鄭重宣布：我的暑假正式開始！結果發現：下個禮拜開學！我哭。算了，還是規劃一下僅存的假期好了。

「媽，你們禮拜六有空嗎？我們能回去度（ㄊㄢˋ）假（ㄨㄤˋ）嗎？」我打了通電話給我媽，訂房。

我媽嚇了一跳，因為她這兒子，假期不是在外面上課充電，就是在幫別人充電。「當然好啊！你們來，我和爸帶你出去玩，吃好料。」感覺電話那頭的她非常開心。

爸媽退休後，搬到龍潭，他們說這是全台最適合居住的地方，在那種種花草、做做肥皂、還有，他們每天開車去石門水庫。

幹嘛？健行爬山。

他們對石門水庫瞭若指掌，甚至到達憂國憂民的情懷。有時，爸會跟我說久未降雨，水庫都沒水了，這樣下去不是辦法。有時，媽會雀躍地跟我說，最近大雨，水庫灌飽了，他們還去看了水庫洩洪，超壯觀啊！我認真覺得，石門水庫可以找我爸媽當觀光大使了。

這麼美好的地方，怎麼能不跟子女分享，所以每次回家，一定會有項行程，就是：石門水庫健行趣。對，就像畢旅一定會去墾丁、義大那樣。

差別在，畢旅我可以躲起來喝咖啡，不用跟學生排隊糾纏。但在這，我得跟著爸媽，走他們走過的路、看他們看過的景，更神奇的是，他們看那彷如初戀，永遠不膩。

以前啊！我們跟著爸媽走石門水庫，他們走得很樂，我們走得很熱，他們身輕如燕，我們食不下嚥。

他們想的是：再多爬一段路；我們想的是：什麼時候結束？最後，往往都是靠小妹的苦肉計：「媽媽，我餓了！」「爸爸，我病了！」於是，順利脫困，打道回府，不得不給我小妹狂點讚！

可是，不知道為什麼，這一趟回去跟他們再走石門水庫，竟是另一種心境。爸媽依舊帶我們健行，介紹石門水庫的一〇一種玩法，說這有白鷺鷥、那有夜鷺、遠方有步道……我竟然認真地一路聽下去。

不過，健行我真的不行，球場上，我運球跑得比沒運球還快。但健行我就算兩手空空，還遠遠落後我爸好一段距離。我懷疑他有練凌波微步。

走了五公里，終於準備折返。眼前有兩條路，我爸問我：「你們要爬坡，還是走平路？」Are you kidding？當然是走平路啊！雖然我發現他邊問眼睛卻朝坡路發光，但我還是很孬的選平路，然後，他又施展凌波微步了。

我媽說了一聲：「你爸就是這樣，走那麼快幹嘛？」然後，她也用凌波微步追了上去。留下走到氣喘噓噓的我們。

看著爸媽快步前行的背影，我突然有一種寬慰：你看他們健步如飛，把我們拋在後頭，代表他們還沒老，我還來得及。

來得及什麼？讓自己成功的速度，追上他們老去的速度。

結束健行後，媽事先訂了一間餐廳，吃雲南菜。餐廳用餐氣氛很棒，菜色也非常豐富，我們看著菜單陷入選擇障礙。還記得以前，全家人到餐廳吃飯，爸媽選菜都特別謹慎，一定要挑CP值最高的。通常不點湯，因為湯湯水水，不划算。也不點飲料，一來不健康，二來比外面貴上幾十塊。那時覺得幹嘛省成這樣，現在才明白那是為了養我們三個孩子。

「媽，這餐讓我來表現，你們儘管點。」後來長大了，好不容易能掙點錢，只要全家聚在一起吃飯，我都會這麼說。因為我知道他們省慣了，省，是為了留給子女更好的。而我們努力的意義是什麼？就是讓自己重視的人，過去沒享受到的生活，一口氣連本帶利討回來！

以前，我們依著價目表點餐，便宜的我們說：物美價廉，貴的我們則阿Q地嫌：言過其實。其實我們想吃得要命。但我總幻想著，總有一天，我要讓家人上館子，菜單一來，價目表直接被屏蔽，想吃什麼，就點什麼，無視價錢。這種生活，多爺們啊！

雖然還有一段距離，但如今至少我能做到，每次家族聚餐，都拍拍胸脯說：「這餐讓我來表現。」然後看著爸媽開心點餐，再也沒有後顧之憂，感覺很棒！

是的，你把自己當五個人來用；把一天當四十八個小時來活；看著別人爽，自己又默默扛下一堆CASE。就是因為我們擔心，自己成功的速度，追不上父母老去的速度。

我們拚，是為了別讓自己的承諾，永遠是一張空頭支票。

別以有限思維，挑戰無限賽局！

天才憤青賈誼的《過秦論》，一直是國文課的壓軸之作。但老實說，每次讀這篇，我總覺得雷聲大雨點小。

簡單說一下《過秦論》的內容。這篇重點在探討稱霸天下的秦國，為什麼在短時間內毀滅。不得不說，賈誼非常會創造懸念。開場先寫秦國如何崛起，秦孝公打下基業，惠文、武、昭襄擴大優勢；最後才由秦始皇統一天下。

但當時六國合縱同盟，軍容強、謀士多、土地廣，怎麼看都應該把該秦國按在地上摩擦。結果，六國反而被秦國一拳打爆……

後來跑出一個人叫陳涉，地位低、才智弱、財產零，號召一批快樂夥伴，說要PK秦國，任誰聽到都笑翻了。結果大爆冷門，秦國竟被這群烏合之眾打爆！為什麼？你看，賈誼是不是很會寫？吊足你胃口，讓你忍不住一探究竟。咳咳，賈誼清了清喉嚨，準備解密這個驚人的原因了：「仁義不施，而攻守之勢異也。」（因為不施行仁政，所以進攻和防守的形式也就不同了。）

嗯嗯……等一下，就這樣？對，就這樣，沒了。請問一下，這個原因，難道你自己想不到嗎？

每次讀到這，我都覺得《過秦論》，前半部像《冰與火之歌》前五季，懸疑十足、張力完美；最後一段像《冰與火之歌》第八季，虎頭蛇尾、看完吐血。我一直想找機會，想把賈誼留的爛尾給補足，但一直找不到合適的切入點。

剛好，這陣子讀了《無限賽局》，自己新書也寫了無限思維。我終於找到一個切入《過秦論》的視角。

賽局，要至少兩人參與競爭。而根據卡爾斯教授指出，這世間有兩種賽局：一種是「有限賽局」，有固定規則、已知玩家，當誰先擊敗對方，賽局就結束了。另一種是「無限賽局」，沒有明確規則、沒有時間限制、甚至連玩家也未定。但他首要目標是，讓賽局不斷玩下去。

這個概念，可以套用在各領域。從「商業」角度來說，賽門・西奈克舉了個例子。他到微軟論壇，會常聽到他們談的是，如何擊敗蘋果電腦。可是他在蘋果的論壇，卻聽到大多數講者談的是，如何幫助老師教學、學生學習。就這個案例，微軟玩的是有限賽局，蘋果玩的是無限賽局。

從「歷史」角度來談，美國發動越戰，幾乎打贏多數戰役，殲滅大量越軍。可弔詭的是，最後美國卻輸掉越戰，黯然退出戰場。若從賽局思維來看，美國作戰是為了取勝，而北越則是為了性命而戰。

美國以有限思維面對一場無限賽局。當資源耗盡、民意反彈，最終都得被迫離開這場賽局。你發現沒有，這同時也是秦國衰亡的原因啊！

秦國一直在玩「有限賽局」。第一盤遇到的對手是六國，長年的戰力積累，加上六國間的矛盾，秦國很幸運贏了這場賽局。但問題在於，統一天下後，他卻用「有限賽局」思維治國。他的假想敵是：人民。

所以《過秦論》寫到秦國「廢先王之道，燔百家之言」；「隳名城，殺豪俊」；「收天下之兵，聚之咸陽」目的很簡單，就是愚化人民，弱化這場賽局的對手。欸，不是，你怎會把子民當對手來終結啦！

結果可想而知，秦國逼得對手不得不反撲，他執行嚴刑峻法，本想杜絕另一場賽局，但沒想到反而促成有限賽局。

只是這一回，輸的是秦國。**在有限賽局裡，沒有人是永遠的贏家。但在無限賽局裡，永遠沒有人是輸家。**

如何在古人與學生間，做稱職的靈媒？

我常說，國文老師就像「通靈少女」，盡職做古人與學生之間的靈媒。說實在，非常不容易，那些你很在乎的，往往學生根本沒感覺。

不少人問過我：「歐陽老師，你每堂課都會帶活動嗎？」

當然不可能！大多時候，還是要靠「講述」撐場啊！講述是老師的基本功，絕對不能荒廢。

重點來了，面對文言文，可以用哪些講述技巧呢？

剛好最近在教李斯〈諫逐客書〉，完全沒有活動靈感，決定就單純「講述」來上課，分享幾個我很愛用的講述技巧給你：

一、欲言又止

在往下講前，先停下來，讓學生思考，換成是自己，會怎麼做？

以〈諫逐客書〉來說，寫作背景是韓國派鄭國說服秦王，修築水利工程，藉此消耗秦國國力。秦王得知被騙後，非常生氣，決定把非秦國籍的臣子全部轟出去。李斯一聽，阿娘喂！我好不容易拚到這個地位，不就啥都沒了。所以寫下〈諫逐客書〉，說服秦王取消逐客的命令。

介紹完背景後，我就會停下來，問學生說：「如果你是李斯，你會怎麼說服秦王？」

讓學生先想過一遍，再回頭看文章，才會有意義。

二、類比連結

隨時留意課文中，有沒有什麼概念，可以類比成「現代事物」。

〈諫逐客書〉一開始，就列舉秦國先後四個國君，分別任用過八個其他國家的臣子，結果收到奇效。

這個地方，如果只是單純講過去，會非常無聊，因為都是人名。所以講述這段時，我會這麼說：「你們有沒有發現，戰國時代，就是中華職棒。每一國都是棒球隊，那怎樣的球隊會贏呢？很簡單，就是打線串聯的球隊。秦國強就強在，從一棒到八棒之間，打線完美串聯。」

三、反駁練習

講述有個大忌，就是把文本放上神壇，然後你只是不斷歌頌讚美。其實適度的帶學生回過頭去挑戰文本，反而會讓他們更有感覺。

比如〈諫逐客書〉表現出李斯架構論點的功力。像是他一開始，就以過去四個秦君，重用八個外國客卿為例，論證重用外國人士有助於秦。

但我問學生：「如果你要反駁李斯，你要怎麼做呢？」

很簡單，舉八個來自外國，卻把秦國搞得烏煙瘴氣的大臣就對了。

四、情境代換

別忘了，你是通靈少女！古人沒打過籃球，學生沒玩過投壺，所以你要跟學生用籃球講投壺，這就是「情境代換」，全部轉成他能想像的情境。

〈諫逐客書〉有段文字在講，如果秦國不用外國貨，會發生什麼事，其中有句是：「而駿良駃騠不實外廄」（國外的名馬不該養在秦國馬棚）。這時我就會說：「馬是當時代步的工具，換成現在意思就是車子。也就是說，外國名車都不能進口，不能開賓士、BMW、保時捷、雪弗蘭，你只能愛用國貨，所以路上可能剩裕隆汽車。」

跟你保證，他們瞬間秒懂。

五、延伸思考

文章有所謂的「前提」，我會順著前提，讓學生先進行思考。〈諫逐客書〉李斯為秦王設的前提就是「必秦國之所生然後可」。所以，這時我就會問學生：「如果說台灣宣布鎖國，只能用台灣生產的東西，請問會發生什麼事？」

接著你就可以聽見學生思考的聲音了。

思考，是確保學生還醒著的唯一方式。活動很有趣，但講述也未必無趣。只要你會以上的通靈術，你就會發現講述的樂趣。

PART 2

續航

找出自我的天賦

進到我的教室，

就是改變的開始

如果你能問上帝一個問題……

義大利的傳奇記者法拉奇（Oriana Fallaci），被譽為「直視歷史的偉大記者」。甚至大家說，她問的問題，高明過那些愚蠢的回答。她訪問過很多國家級的人物，像是甘地、鄧小平。後來人家問她：「你這輩子最想採訪的人是誰呢？」她的回答讓大家驚呆了。

她說：「上帝。」

「如果我能採訪上帝，我想問他一個問題，那就是：為什麼你創造了好人，卻又創造了壞人。」

全場靜默。

從來沒有人想過這個問題，因為我們視為理所當然，但法拉奇這驚天一問，問出了人們心底深處的迴音。

高三最後一課白話散文，我們讀的是奚松的〈遍在〉，一篇學生讀完會低罵的文章。但我覺得這篇文章特別有意思。

作者問出一個有趣的問題：「怎麼看待你我的相遇？」

接著作者的小劇場出現了，從空間來看，我們相遇在畫廊、畫廊建在大樓、大樓蓋在土地、土地位於板塊、板塊存於地球、而地球又位於宇宙。在這大到不可思議的空間裡，我們竟然在畫廊相會，這份機緣絕非偶然。

一道叩問，竟可以引出一連串的奇想。只是，我們有多久沒有真心叩問這個世界了？總是考卷一發，孩子們振筆疾書，答案只分對錯、分數只有高低。

但很多時候，人生是沒有標準答案的。你得想、得問、然後用盡一生去找答案，找到安頓自己的方式。我想讓他們對這世界，發出真心的叩問，一次也好。於是，我設計了一個活動，叫做「上帝的信箱」。

這個點子來自於易理玉老師，當時，學姊的演講提到這個活動，我整個超級驚艷，一直想找機會嘗試。終於，被我等到機會了。我先神祕兮兮地拿出一個箱子，問孩子們說：「各位，看到前面這個箱子了嗎？」

「有啊！老師，那是要幹嘛的？」孩子們議論紛紛，非常好奇。

「這不是普通的箱子，我把它叫做『上帝的信箱』。」我非常入戲，這是我的強項。他們當然不信，但是至少入戲。我拿出一疊便條紙，發了下去。

「各位，這是上帝的信紙，現在，你可以問上帝一個問題，寫在這張紙上，上帝會給你答案。」我表情認真到不行，沒有任何破綻。

「真的嗎？」「最好是啦！」「老師，是你自己扮上帝吧！」

孩子們各種神猜，但還是開始想著要問什麼問題，突然，他們發現，要問一道好問題，好難！

「好啦！我要來收信了，我走過去，你就把問題投進信箱。」我繼續稱職扮演上帝的信差。瞬間，信箱滿了，滿滿的生而為人的困惑。

「各位，你相信上帝會回信嗎？」我知道他們想說不相信，又很想知道上帝怎麼回信。

「其實啊！當你真心傾聽別人的問題，你就是別人的上帝。所以，等一下每人抽一個問題信，假如你是上帝，你會怎麼回信呢？請你直接回覆在信上。」

啊啊啊啊啊！班上暴動了，太嗨了，沒想到老師是這樣玩。

於是，每位上帝，小心翼翼地抽出問題，若有所思、咬著筆桿、想著該怎麼回覆迷惘的人類。上帝們紛紛回完信了，我把信都收了回來。

「老師，我想知道上帝回了什麼？」這回換孩子們自己入戲了。好，我們就來看看人的困惑和上帝的解惑吧！

一、哲理類

Q為什麼要創造人類來禍害自然萬物？

A我只負責創造人類，但禍害自然萬物，卻是你們自己的選擇。

Q為什麼有人錢多到不行，有人卻連一口吐司都吃不著？

A我只負責創造，而你負責成長。命是我造，但運是你成。

二、療癒類

Q上帝，為什麼我和他永遠都是平行線？

A因為你們沒有緣分，或是沒人先勇敢。

Q為什麼人要有這麼多莫名的情緒？

A擁有情緒使生活豐富，情緒像是調味料，偶爾多一點、偶爾少一些。

三、逗比類

Q 為什麼社會這麼不公平？

A 我們不一樣～每個人都有他的際遇～～——by唱歌的上帝

Q 為什麼人要吃飯？

A 我建議你試著一個星期不吃東西，到時候你就會自己領悟出答案了。

下課後，孩子們捨不得下課，還繼續追著上帝的信箱，想看看上帝到底回了些什麼。好玩吧！**生命本該充滿著問號，有時，你會找到一個句號；有時，你會得到一個驚嘆號；更多時候，你可能只是無言以對。但你得持續問下去，因為，當你問出一千個問題，你就同時創造出一千種答案。**

人生越問，越明朗。答應我，千萬別活在，別人幫你預設好的答案裡。

司馬光，不服來辯！

司馬光《訓儉示康》是篇奇妙的課文，才講完題目，學生就會眼神死的那種。不過，如果你加點「辯論興奮劑」，學生就會全部活起來了！

一直以來，國文選文都有想傳達的價值，不外乎「真善美勤謙儉」，這並沒有錯。只是因應時代，同樣的價值是否有彈性的空間。當一篇文本沒有其他詮釋角度，其實這篇文本差不多死透了。

怎麼樣讓各種觀點像煙火般綻放呢？很簡單，讓學生來場辯論。

我特別喜歡對岸節目《奇葩說》，它是綜藝形式對辯論節目，每次辯論的主題都很有趣，而雙方辯手拋出來的觀點，更是讓人驚呼連連。有集辯題是「我該不該刷爆卡買包包？」先別急著罵奢侈啊！我們可以來想想看，贊成方要怎麼辯才有說服力。

那集有位選手叫花希，他這麼說：「人生最弔詭的地方在於，你對事物最動心的那個時刻，都是在你還沒準備好的時候遇到。也許刷爆卡會讓你一時困窘，但是至少，我們會記得：當我們在低谷時，也曾仰望過高山。」

你看，這招厲害的地方在於，把奢侈的道德問題，偷換成人生追求的精神層次。連這麼毀三觀的辯題都能玩了。那還有什麼辯題不能辯呢？因此，我讓學生來一場「丹鳳奇葩說」。辯題是「你認不認同司馬光的節儉觀？」玩法很簡單：

一、申論

雙方各挑三位辯手，一方支持司馬光節儉觀，另一方則反對司馬光節儉觀。

每位選手皆有兩分鐘申論時間，他們必須在這段時間內，立論、論證、反駁、防守，因此非常考驗辯手的反應力。

二、奇襲

當任何一方申論結束後，對手可以選擇是否奇襲。奇襲就是質詢，想辦法用提問揪出對方邏輯漏洞，趁勢影響觀眾。

三、選邊

「奇葩說」形式最有趣的地方在於，觀眾就是評審，而且可以隨時倒戈。因此在一輪激辯結束後，會讓觀眾選邊站，看你是否因為辯手的精采言論，而被說服了，進而倒戈。由此，也可以看出誰最有說服力。

在比賽一開始，我先讓學生選擇立場，結果讓我大吃一驚，因為，有四分之三的學生並不認同司馬光的節儉觀。這可能表示，文章的觀點不符合這時代年輕人的觀念。但我不需要說服他們接受，因為，就讓學生彼此說服彼此吧！

反對方的理由大致有：

一、為了省小錢，吃得差、住得差、生活沒品質、健康沒保證。

二、司馬光窮到妻子過世時，沒錢安葬，還必須典地葬妻。請問，當節儉到罔顧親人，這樣的節儉還有意義嗎？

三、與其省小錢，不如把錢都投資自己，戴勝益不是說過嗎？「年輕時不要存錢，讓自己多學、多看、多闖，才有機會鍛鍊出更強的能力。」

那贊成方的論點呢？

一、節儉不是刻薄自己，而是懂得區分必要和想要。投資自己當然是必要，而買名車、名錶則是想要。

二、節儉教會我們的，其實是知足。當一個人懂得知足，他就是最富有的人。

三、人生在世，波濤難定，禍福難言，當你親愛的人病了，你卻因為平日奢侈，而沒有存下什麼錢，最後只能眼睜睜看著親愛的人離世。因此，節儉是急難的保命符。

我喜歡看見孩子們思考的樣子，**不管是台上辯手滔滔不絕，或是因為緊張而語無倫次，或者觀眾發現講者自打嘴巴，這都是成為思考者的必經之路。**

教育目的為何？哈佛大學校長說得特別好：「教育的目的，就是為了辨別誰在胡說八道。」因此，**在單一價值之外，我們能不能發現另一道裂縫，讓光照進來。**幾位辯手都表現得很好，**說服技術是可以教的，但是唯有勇氣是教不來的。而當他們願意站出來的那一刻，勇氣就永遠地站在他們那一邊了。**

一班的元睿、沛郁、博雅；晏慈、彥博、羽珊。

三班的虹諠、展瑜、明憲；韋捷、將瓏、承瀚。

你們很棒，永遠要記得你站上台，手腳卻不由自主發抖那一刻，因為那就是你戰勝恐懼的光榮時刻。什麼？你問辯論結果是吧！

我只能說：

非・常・戲・劇・化！

原先反對司馬光節儉觀的人是四分之三，但最後，他們竟然幾乎都倒戈了！支持司馬光節儉觀的持方，逆轉成功！可見，人的立場是會搖擺的，而你要做的就是，讓你的說服力強勁如風，因為草上之風，必偃。

起風了，你的時代，正在來臨。

如何訓練思辨？來場「觀點battle」！

不知道其他老師有沒有這樣的困擾？每次改作文，學生寫的東西都一樣。完全沒有亮點，只能人云亦云。其實，因為他們都被標準答案囚禁了。所以，要讓他們**學會思考，跳脫非黑即白的思維，才能創造獨一無二的觀點**。

那該怎麼做呢？分享一個簡單實用的方法給你，這招叫做「觀點battle」，是我從張玉明老師的演講中學到的。最近正巧教到老子，他是春秋時代的思想家，道家的代表人物，著有《道德經》。他的思想很有趣，擅長從「反面邏輯」切入，帶領人們跳脫既有的框架去思考。其中，老子有句話是這樣說的：「天下皆知美之為美。」

老子認為，當世人定義美是什麼，醜的概念就產生了，美與醜形成對立關係，讓人進入這個局，從此痛苦不已。老子是思辨的高手，要學吸睛觀點跟他學準沒錯。好，那我怎麼進行「觀點battle」呢？

一、訂主題

我挑了一個主題：「美貌是禍還是福？」剛好配合老子的文本。注意，主題要訂生活化一點的，讓孩子們有共鳴、覺得有趣的，討論起來才會熱烈。像是：「和機器人談戀愛算不算談戀愛？」「愛因斯坦和孔子誰更適合當大學校長？」「大學畢業後還跟父母拿錢算不算可恥？」主題訂得越好，越能激盪出思辨的火花。

二、選邊站

接著，我要孩子們挑一個自己支持的立場，並且寫上支持的「論點」和「論據」。論點指的是他支持的理由，論據指的是他引用的事例、數據、資料。都寫好後，我要他們站起來，認為「美貌是禍」的站到左邊，認為「美貌是福」的站去右邊。你們猜猜？雙方比例如何？沒錯，贊成「美貌是福」的占絕大多數。比例大概三比一，這就是選邊站。

三、存亮點

接下來這步驟是關鍵。我問孩子們，以這個比例來說，誰的立場比較容易被注意到？「當然美貌是禍的一方！」大家不假思索的回答。沒錯，「觀點」就是一場「注意力戰爭」。先吸睛，就能取得定焦優勢。

但光是這樣還不夠，我要兩方人馬主動提出論點，贊成「美貌是福」的承瀚，他說：「因為美貌能帶給別人好的第一印象。」「我也是耶！」「水啦！我也寫這個。」同陣營的其他人非常雀躍，覺得英雄所見略同。但是，他們錯了。「跟承瀚論點一樣的同學，請你回到座位上。」我下了這個指令。

「蛤？」「為什麼？」他們顯然非常不解為什麼自己被淘汰了。

「你們想知道為什麼嗎？」「因為在注意力戰爭中，你要勝出只有兩種可能，一種是搶快，另一種是出奇。」

搶快需要勇氣，出奇需要創意。

結果，光是這一個論點，就讓十八個人回到座位上了。這代表什麼？代表你的想法如果只是從眾，那你的羽翼就註定黯淡了！

反倒是認為「美貌是禍」的一方，切出許多令人讚嘆的論點。「美貌會被別人放大檢視。」「美貌是短暫的，但失落是長久的。」「美貌容易讓實力被模糊焦點。」

最後，我把所有論點的人數統計上去。哪些是一般觀點、那些是獨特觀點，一目瞭然，讓所有孩子感受到視覺衝擊。

「各位，只有站到最後的才是贏家。這年頭，你要嘛出眾，要嘛出局。要出眾很簡單，要嘛你有膽，要嘛你有識。膽識就是成功的關鍵！」

最後，我放了「超級演說家」的「辯論演說」，讓他們見識高手如何打思想戰爭，孩子們看著寶島辯魂黃執中，對決馬來西亞好手胡漸彪。同樣的辯題「美貌是禍還是福？」因為他們思考過，所以高手過招，就不再只是看熱鬧，而是看門道。

教室裡驚呼聲、讚嘆聲、拍案聲，此起彼落。這就是我要的，**只有理解觀點的千變萬化，語言邏輯的妙不可言，才真正進入到思辨的大千世界。**

孩子們，歡迎你們進入強者的國度。

一份出給父母的大考試題！

「老師，我覺得我的兒子對未來沒有目標。」

「老師，這一代的小孩過得太幸福了，不像我們那一代那麼拚。」

「老師，我的孩子在家裡什麼事都不跟我們說，這是怎麼回事？」

我是一位中學教師，以上三句是家長們最常跟我說的話，他們語帶憂心，夾雜望子成龍、望女成鳳的心切，卻又不明白孩子為什麼像是互斥的磁鐵，離他們越來越遠。

於是，某一次的家長日，我決定做一件特別的事情，就是出了一份給父母作答的大考試題，考科名稱是「你的孩子」。方法很簡單，我出了一份二十題關於孩子的問題：

- 我未來大學最想唸的科系是？
- 所有學科中，最讓我有成就感的科目是？
- 所有學科中，我覺得最困難的科目是？
- 高二時，我參加的社團是？
- 我最大的興趣是什麼？
- 我覺得自己最大的優點是？
- 我覺得自己最需改進的缺點是？
- 我最討厭別人對我做什麼事？
- 我最在乎什麼？
- 跟我談得來的朋友有哪些？（可寫多個）

・我最喜歡玩的手機遊戲是什麼？
・我最喜歡看的電影是什麼？
・影響我最深的老師是？
・我的星座是什麼？
・我最喜歡的歌手或偶像團體是？
・我最喜歡的運動是？
・我最喜歡的顏色是？
・如果能出國遊玩，我最想去的國家是？
・在家中，我覺得最瞭解我的人是？
・我未來的夢想是什麼？

這份題目我先讓學生們寫，而他們寫出來的回答，就是最後要給家長核對成績的標準答案。但是，情況比我想像地困難太多了。我沒告訴學生我的這個「父母大考計畫」，但當他們在填寫這份題目時，有些敏銳的孩子察覺那可能是要讓父母看的，連忙築起心中的城牆。

「老師，這該不會是家長日要拿給我父母看的吧！」一個男生連忙問道。

「如果是要給家長看的話，那我不要寫了。」另一男生見狀，立刻附和。

「老師，我們是相信你才把祕密告訴你，你怎麼可以把祕密告訴父母。」其中有個女生對我提出質疑，像是我出賣了他們。

在和青少年相處的過程中，我發現一個很特別的現象：他們可以告訴我心裡的祕密、可以在我面前掉淚，但是你知道嗎？他們唯一的堅持，就是不能在父母面前示弱和坦白。

他們築起一道防線，不想讓父母越雷池一步，將那道祕密或夢想深埋在最深的海溝。我深吸了一口氣，心平氣和地告訴他們：「你們總說父母不瞭解你，但是，你有給他機會瞭解你嗎？或許有，也許他們沒能理解，但是你就因此關上心房了嗎？」

「當我想讓你被他們瞭解時，你卻緊掩窗扉，容不進一線光，這樣是好的溝通方式嗎？透過這份試題，我希望你們給自己一個重新與父母和解的機會。」

大部分的學生想想也對，就放心地寫了；當然，也還是有人把祕密藏的更深，我發現玲玲很多問題的回答都故意填無，我問玲玲怎麼了，沒想到她眼淚就撲簌簌地掉了下來。

她說：「這份試題我媽一定不會寫，因為她只在乎我的課業，對其他的事都不在乎，我們之間也沒什麼話好說，所以我早就習慣獨立了。」

玲玲是一個很特別的學生，有非常出色的能力，她曾是大眾傳播社的社長、又是社聯會的副社長、同時又參與模擬聯合國等活動，也積極協助班級活動，唯獨成績怎麼樣就是不見起色。

他們母女之間，有一座難以消融的冰山，橫阻在他們面前。我知道那不是她的錯，而是受傷過後的噤若寒蟬。我告訴她：「謝謝你告訴我這些，我會試著讓你們重新對話的。」

就這樣，到了家長日這一天，我把這份考題發給家長，告訴他們：「這份題目無關升學，卻遠比升學重要。裡面是關於你孩子的二十道題目，一題五分，滿分一百分。」

「你可以open book，可以上網查任何資料，這是史上最開明的考試。」我打趣說道，家長笑得很開心。

「最後，我會給你孩子提供標準答案，我們就不交換改了，請你自行批改。我們也不收來登記分數，但請你把它珍藏在心裡。」

考試開始。

我放了點輕音樂，希望帶給他們輕鬆的氛圍，很神奇地，這群父母非常用心作答，我從沒看過這麼專注的考生，彷彿要把那些年，他們來不及參與的，一口氣追回來。

尤其是玲玲的媽媽寫得特別認真，留下來幫忙家長日的玲玲看到，非常吃驚，她沒想到母親這麼在乎她的事。好奇心之下，玲玲跑到媽媽身邊，看看媽媽寫些什麼答案，她的手搭在媽媽的肩上，像是想給媽媽一些提示，但又努力忍住，那一瞬間，母女倆竟然有說有笑，就像姊妹相處一樣自然，完全不像玲玲先前告訴我的那樣勢同水火。

「好，時間到。現在我要發下答案。請你自行批改，答案採從寬認定。最後我們會統計分數。」

家長們收到由孩子們寫下的標準答案，都迫不急待趕快核對，一旦答對就非常雀躍；錯了卻也很開心，因為他們得到孩子意想不到的答案。

「耶！這題我竟然答對了。」一位好不容易答對一題的家長振臂疾呼。

「原來我兒子最不喜歡人家誤會他啊！」另一位家長若有所思。

「老師，這份詳解可不可以讓我帶回去？」「當然可以。」對這位家長而言，這份詳解像是通往孩子內心的藏寶圖。

成績出爐，大家猜猜最高是幾分？答案是，六十分。

但是奇妙的是，成績不甚理想，但家長們都笑得很幸福，因為那些答錯的題目，就是他們重新認識的開始。**我告訴家長，給自己一個重新認識孩子的契機；我告訴孩子，給自己一個重新與父母和解的機會。**

你們都彼此關心，卻都不輕易說愛，**你們都彼此瞭解，卻都不互相讚美，最後只能用最不想要的的方式，彼此傷害。**

這是何苦呢？這是何苦呢？

家長會後，玲玲的媽媽跑來找我，她告訴我因為丈夫在大陸工作，自己最近創業，開了間早午餐店，非常辛苦。她希望女兒不要像她一樣辛苦，所以希望她能好好讀書，嫁個好人家，所以才這麼看重她的課業。

我告訴她：「**我們大人都渴望孩子走一條最安全的路，但對他們而言，冒險才是活過的象徵。**」

「玲玲雖然學業成績不好，但是她的做事能力和待人處世卻是一流的，說實在，我完全不擔心她的未來。但是，我很擔心你沒看見玲玲的才華，也擔心玲玲誤解你不關心她。」這番話我說得懇切，因為我真心希望他們母女破冰。

「其實我女兒的好，我都知道，只是每次看到她考那麼差、跟我說話口氣又不好，就滿肚子火。」玲玲媽媽接著跟我說。

「玲玲媽媽，讚美要說出口才算數，你明明知道她的好，卻因為說不出口，讓女兒誤解你不在乎她，這不是很虧嗎？」我從利害關係的角度來說服她。

「這樣啊……」玲玲媽媽陷入一陣沉思。

「至於你為孩子的付出，其實孩子也知道。只是當我們告訴孩子自己有多辛苦養你們長大，所以你們要認真唸書之類的話。就這年紀的孩子聽來，會有一種被情緒勒索的感覺，好像認真唸書是為了還父母的恩情債一樣。」我接著說道，因為我接觸太多都是因為這句話而讓親子關係一夕崩盤。

「玲玲媽媽，試著看見並肯定孩子的天賦，成績很重要沒錯，但它不代表一個人的成就。」

「我明白了，我會試著去讚美孩子。歐陽老師，謝謝你，你是一位很棒的老師。」玲玲媽媽想通了，我彷彿看見橫阻他們面前的冰山開始消融。

一直以來，我們以為考試是學生的天職，所以出了各式各樣的考題來考驗學生，但考到最後，卻只在乎他們答對了沒有，卻不在乎我們到底懂不懂他們的天賦和內心。

這一份出給家長們的試題，也是我們一生的重要課題，愛因斯坦曾經說過：「每個人都是天才，但如果你要一隻魚去爬樹，牠終其一生都會覺得自己是笨蛋。」

教育的價值不是只有追逐成績，而是開發每個人的潛能。我知道在升學主義掛帥的教育制度下，一切不是那麼容易改變，但就從這份試題開始，開啟父母子女之間彼此理解的可能。

冰山開始融化，願你們都能看見彼此的愛，就像大海般遼闊。

相信我，你有無限潛力！

畢業前最後一堂課，能幹嘛？大掃除、簽畢冊、拍合照……都不錯，但如果想讓孩子刻骨銘心，試試看我這招吧！保證大家驚呼連連，燃到最高點。

畢業前最後一堂課，在這班上進行「潛力迴紋針」活動。這招是我去上「即課引導課程」，講師好朋友越翔教會我的。

一進教室，我帶著一個透明杯，裡面裝滿了水，滿到不能再滿，就往講桌上一放。接著，每人發一根迴紋針，問孩子們：「你們猜猜，當我把一根迴紋針放進杯子裡，水會不會流出來？」

「當然會啊！」「水都滿成那樣了。」

於是，我把迴紋針放進滿水的杯中。水一滴也沒滿出來，迴紋針沉在杯底。

「喔喔喔喔喔喔！」孩子們彷彿覺得不可思議。「你們覺得這杯水放到第幾根迴紋針時會滿出來。

「五根！」「八根！」「十根！」孩子們漫天喊價，想要猜中最後壓垮水面的迴紋針。

「好，就十根！由你們輪流上來放如何？」我說。

男生們迫不及待要衝上來。

「等等，我們等下要這麼做：每個上台的同學，要先跟大家講一個這三年你學會最重要的事。然後再把迴紋針放進杯中。」

宣布完遊戲規則，我們就開始了。「高中三年，我究竟學到了什麼呢？」他們的想法泡泡一個接著一個冒出來，很簡單的問題，但真要說，好像也沒有那麼簡單。

是啊！很多時候，你只是照表操課，但從未靜下心來和自己對話，今天的你，超越了昨天的自己了嗎？

「我學會了如何做好時間管理。」第五根迴紋針放入，水面紋風不動。

「我學會了如何團隊合作。」來到第八根迴紋針，水面仍是一片平靜。

「我學會了如何大量閱讀。」第十根迴紋針，水面晃啊晃，硬是沒滿出來。

「啊啊啊啊啊！為什麼？」孩子們又嗨起來了，然後我開始被誤認為劉謙。

「要不要再加碼猜猜看呢？」

「二十一！」「三十五！」「四十五！」

這回他們喊得級距變大了，彷彿對這杯水莫名地有信心起來。「好！就四十五！」我拍板定案，四十五，正是我們班的總人數。

輪到冠景，她說：「我學到了如何維持一段關係。」因為她曾和好朋友，從無話不談變成無話可說。

她這才發現，人際關係就像刺蝟，離太遠會冷，靠太近又刺痛彼此，學會如何拿捏距離，給彼此空間，才能真正維持關係。迴紋針放入，水面漾開，算是對她的微笑讚許。

換到晨宇，她說：「我學會了如何好好溝通。」這或許大家聽來很普通，但對我而言意義非凡。

晨宇是很熱心的孩子，只是有時講話直接，帶上了個人情緒，造成不必要的溝通困擾。我常花時間提醒她怎麼說會更好，「先認同，再異中求同。」「避免詮釋，多用陳述。」慢慢地，她溝通越來越進步了。

她把迴紋針放進水杯，沒有意外地，水面仍舊平穩。就這樣，四十五根迴紋針都沉在杯底了，一滴水都沒溢出來。孩子們顯然明白了些什麼，只是還是不明白為何水不會滿出來，但那不是重點。

最後，我告訴他們：

「孩子們，你的潛力就像是這杯水，當你以為自己到了極限，其實只是起點，因為你擁有無限潛力，只要你相信。未來，當你覺得自己做不到時，想一想水杯裡的迴紋針，想一想紋風不動的水面，你是真的做不到？還是只是想逃避？你現在所有的逃避，往後的日子，痛苦都會加倍奉還。同樣的，你現在咬牙撐過的，未來的人生，成就也是加倍奉還。」

願你們的未來，如夜空中的星星一樣閃耀。

對了，你想出為什麼水面不會滿出來了嗎？

說破嘴，不如讓他想破頭。

不知道老師們有沒有一種困擾，就是賣力當古人經紀人，說這篇文章多神、多厲害，結果學生一臉木然地看著你。

《琵琶行》就是一篇這樣的課文。說作者牛啊！可以把聲音寫成這樣，結果發現學生都是牛，因為賣力講完，才明白一切只是對牛彈琴。那該怎麼辦呢？一句心法你先記著：「說破嘴，不如讓他想破頭。」

我在教《琵琶行》，講到琵琶女猶抱琵琶半遮面，正準備開始彈琵琶時，我跟學生說：「拜託你們先別往下看，先來聽首琵琶曲吧！」

接著就播放琵琶經典曲目〈十面埋伏〉，這首曲子是在表現楚漢爭霸，殺機四伏、戰事一觸即發。學生聽得很過癮，但他們沒想到自己也中了埋伏。因為，聽完十面埋伏後，我告訴他們：

「給你一個情境，今天你是唱片發行人，要做一張琵琶的專輯，主打十面埋伏。你要怎麼描述這首音樂，怎麼用文字讓消費者彷若聽聞。」

全班傻眼，他們這才發現聲音根本超難寫。無形、無象、無味，你留不住他，但又確實悠揚在耳際。他們想破頭，擠出了些文句，成語居多：什麼風馳電掣、萬馬奔騰、箭如雨下。

我說不錯，只是當你想到的別人也想得到，最多只能證明自己還不夠搶眼。為什麼要讀經典？**因為這些高手總能提取出乎意料的詞，展現出讓人意想不到的境界。其他人只能仰之彌高、鑽之彌堅，但是，當懂得仰望的那一剎那，恭喜**

你，至少你抬頭了，不再是矇著頭過日子。

「好，你們想破頭的琵琶曲，我們來看看白居易怎麼寫。」

這時，學生再回頭看文本，才發現不再是一如往常的標楷體，而是字字傳神、句句入心。因為他們才剛爆過腦、想破頭，白居易的文字竟成為他們的靈感救贖。

但還沒完，因為詩句形式上的整齊，恰是對想像力的束縛，要解開束縛，必須透過圖像化。所以，我要學生做下一件事：「用一張圖秒懂琵琶女在彈什麼。」

別小看這張圖，學生要畫出這張圖，首先，他得懂白居易用了哪些物象，因此他們檢索課文，抓出玉盤、黃鶯、泉流、銀瓶、鐵騎。再來，他必須構思如何系統化呈現，最中規中矩的，就是按照出現順序來畫。再有創意一點的，會想到聲音分高低和大小，所以選擇用五線譜來呈現，而這些物件則成了上面的音符。

你看，這些學生多有創意啊！

其實，我想要告訴他們的道理很簡單，整天抱怨讀文學沒有用的人，多半沒有真正使用過大腦。**文學不是特效藥，一服見效，它比較像是中藥，慢慢改變你的體質。久而久之，就會發現，有些人一開口就暴露貧乏，有些人一下筆卻深不可測。實力的底氣高下立判。**

文化差距是最可怕的慢性病，等你發現時，多半無法根治。讀也好，寫也好，請你多用文字，滋補滋補這顆年輕的靈魂吧！

除了學生自學，散文可以這樣教。

來吧！真心話測驗，國文課遇到散文，老師們都怎麼做？

A同學，教不完了，這課回家自讀。

B同學，來，學習單發下去，明天交。

C同學，我們先跳過這課，先教文言文。

對了，忘了說，這題是複選題。我哭，因為ABC我全中，散文教學根本國文老師的天敵。

不過，最近我試了一招，效果非常好，從此我都跟散文直球對決。先學著，這招免費。關鍵在於——「課文朗誦」。

你：？？？？？？？

這還要你說，從小課文唸到大，誰不會啊！退錢！退錢！

別急著轉台，聽我解釋就知道了。想想看，為什麼我們會聽有聲書？因為用聽的比用看的還快，不是嗎？所以，散文教學也是一樣，要孩子看之外，也要用聽的，所以「課文朗誦」很重要。

但是，請記得，絕・對・不・要・全・班・唸！

因為聽起來很像在唸經，聽他們唸完，我也睡著了。有人認真、有人摸魚、有人放空，全班一起唸根本是職場縮影。

那到底要怎麼做呢？我把這招叫做「籃球攻防法」。你是進攻者，學生是防守者，你要做的就是突破他們的睡眠防線。

一、隨機點播

散文教學不要讓他們課堂自讀，因為十之八九都沒有在讀，最好的方式是「接龍朗讀」，一次點一個起來唸課文。

你也許會說，那其他人不都在放空？

所以，你必須搭配「隨機點播」的策略。點人起來唸，別告訴他要唸到哪裡，然後找個點切斷，馬上再叫下一個學生接著唸。別用抽籤決定，要隨機點名。好處在於，你可以掌控全場。

當學生無法預測誰會被點，也無法預測會唸到哪段，他們唯一的選擇就是「專心聽同學唸課文」。

同時，由於隨機點播權在你，所以有時你可以點放空的同學唸，有時遇到關鍵段落，你則可以選聲情出色的同學唸。籃球進攻時，你會告訴防守者我要切右邊嗎？傻逼才這麼做。隨機點播也是同樣道理。

二、定格提問

學生課文一路唸下去，當他唸到重點句子時，你要馬上按下暫停，讓他定格，然後針對這裡，對另外一位學生提問。舉例來說：

「小康，請你接著唸。」

「……我清楚嗅到母親身上芒果花的香味」

「好，小康，停一下。來，阿偉，為什麼這裡要強調母親有芒果花的香味呢？」

這樣做的好處在於，學生不會只是朗誦機器，他們知道老師隨時會拋出問題，同學在唸時，必須邊聽邊理解，以防老師的回馬槍。

當然，這些問題，你必須在備課時，就該事先設計好，才能精準提問、有效引導。

三、朗讀示範

在隨機點播幾次後，有時，你要點播自己，對，就是換自己秀一波。

學生朗讀有個現象，就是風氣會傳染。

如果前一個朗得很周杰倫，像是嘴巴裡含著一顆滷蛋那樣，後面接手的只會更周杰倫（但周杰倫的歌很好聽）。所以，你必須適時接手，目的在示範給學生看怎麼唸課文，不用到朗讀比賽那樣，但至少要句順、聲亮、情沛。

張愛玲不是說了嗎？「當老師真累，又要做戲，又要做人。」現在還多加一個配音員的身分。然後朗讀時，記得要採立體環繞音響。

喂！不是把麥克風調大，而是要你像吟遊詩人，行吟教室。最好行如鬼魅，邊朗邊走，別讓學生掌握你會從哪裡出現。最高境界是，你聲音還在左邊迴

OPEN BOOK

悅 讀 趣

「渴望閃爍，卻又畏懼目光，
我們都是自相矛盾的星體。」

——《怕光的行星》

2022年10月號

作者｜B6
定價｜47

無論要減醣，還是想多補充蛋白
免看火，一鍵搞定一餐，不限於炸物，讓你輕

烹煮神

辣媽 Shania 的簡易系美味陶土鍋料理

50道原汁原味陶土鍋料理上菜囉！

收錄從白飯、清粥，到麻油雞、台式滷肉，共50道多國料理，步驟簡單明瞭，燉煮、清蒸、熱炒、煎烤，一鍋多用，跟著做即可完成。

作者｜辣媽Shania
定價｜380元

水波爐油切美味料理100

人氣社團「水波爐同樂會」集結食譜，高手秘訣大公開

不用開火，按鍵搞定，最適合好吃懶做的你！從居酒屋燒烤、脫油炸物、原汁時蔬、到烘焙甜點應有盡有，大宴、小酌、單身、家庭都適用的省時料理均能一指完成。食譜附詳細行程使用設定。

作者｜水波爐同樂會
定價｜420元

轉換思維

大人的煩惱，就由兒童記者來解答吧！

第一本由小學生採訪編寫，給大人的解憂書！

你以為的人生課題，都能被紅遍大街小巷的兒童記者一針見血地回答，不是「兒童才敢講」，而是「你根本忘記了」！

作者｜龜岡兒童新聞
譯者｜王蘊潔
定價｜350元

死後，貓會吃掉我的眼睛嗎？

★Amazon年度選書，Goodreads最佳科普讀物★

本書收錄了關於死亡的各種冷知識，從屍體的保存方法到木乃伊的製作過程，揭開我們對死亡的困惑，像是應該把遺體埋得多深，或臨終前是否看得見一道白光等。

作者｜凱特琳·道堤
譯者｜林師祺
定價｜350元

Happy Stress 壓力是進化你大腦的「武器」

嘿！別讓壓力奪走你的腦力！

UCLA應用神經科學家首度分享，結合〈神經科學×心理學×生物學〉的事業見解，教你如何將壓力化為助力，危機變為轉機！

作者｜青砥瑞人
譯者｜李彥樺
定價｜450元

結局出乎意料

神出鬼沒的殺人魔，正讓社會大眾生活在恐懼之中。要將其繩之以法，只能仰賴翡翠的能力。只是萬萬沒想到，殺人魔也正悄悄朝著翡翠逼近……

5月14日，流星雨降落土撥鼠鎮

作者—雨落荒原
定價—360元

不到最後不見全景，動機背後還有動機！關於社會、家庭與愛情的動人小說。故事從一位神祕女子搬進了土撥鼠鎮的星塵公寓說起，五位角色、五種自白、五次翻案，真相猶如拼圖般一片片扣上……

建築色彩美學

色彩之書

作者—凱倫·海勒
譯者—龔嘉華
定價—520元

獻給每個人的「自信色彩聖經」！第一本為個人打造的色彩使用指南。有趣的「色彩人格測驗」幫你找到專屬的色彩組合，同時也提供各生活場域的色彩運用技巧，讓你盡情翻轉、設計自己的人生。

故宮裡的色彩美學與配色事典

作者—郭浩、李健明
定價—520元

打撈華夏失落色彩的絕美之書，重現古典生活之美！文化學者與設計師聯手，自近400部中日文獻之中，重新尋回數量龐大、字詞華美的中國傳統色名，並以故宮典藏文物，逐一對應，重現色彩。隨書收錄印刷用色值。

東京名建築魅力巡禮

作者—甲斐實乃梨
譯者—陳妍雯
定價—450元

日劇《在名建築裡吃午餐》原作，堂堂登場！無法出門的時候，就用一個週末，配著甜食，來一趟紙上東京建築之旅。別具匠心的照片，以一般參觀時無法觀賞的角度取景，將建築物的秘密樣貌盡收眼底。

盪，人卻出現在右邊了！

好啦！這套「籃球攻防法」，我跟你保證，本來一上散文課，班上會有二十個學生睡著。但用了這招之後，就會多十九個人醒過來。

對不起，我想你們了。

目送你們離開後，我漫不經心走回三〇三教室，門已上鎖，好像回憶就這麼封存了。我只能從窗外望進去。

排列整齊的桌椅，我不習慣，你們不總是善於錯落有致，前後左右永遠參差的嗎？地上乾淨的不像你們來過，我再也不用撿起鋁箔包，問是誰喝的了；布告欄恢復成坑坑疤疤的木板，不該是這樣的，你們做的大龍貓和波妞，去哪兒了呢？

望天上雲卷雲舒，三〇三教室靜地像是走慢了時間，如果可以，我好希望時間再走慢些，再多說說我有多捨不得你們。

畢業典禮，是一個現實扭曲力場，強把這三年壓縮在此刻，在你的眼睛，凝結成淚。那些你們過去嫌的、厭的、煩的，竟都在此刻成為青春的印記，你們說好再回來時，憑此印記入場，相認。

為了我們的別離，我連呼吸都反覆練習，不想讓你們看出我不擅道別。

你們說：「歐陽，你會想念我們嗎？」

我總說：「看情況。」然後換來你們的喔唷和白眼。

想念是件矛盾的事，其實，我氣你們的時間是最多的。

我氣你們上課聊天，不定心；我氣你們老把碗盤放窗台，惹眼；我氣你們不積極主動，總要我費心。但我知道，那才是我出現的意義啊！

認真想起來，其實你們蠻可愛的。

任課老師說你們窩心，會跟他們抬槓話家常，即使我認定是因為你們不想上課。校長主任說你們創新，校慶表演變出魯夫霸氣進場；愛心商店說開就開，行動力一流。

好吧！你們某些時候，很走心。

我以前當專任時，很羨慕導師身邊圍著一群學生，嘰嘰喳喳，有說有笑。因為我不是學生聊天首選，我看起來忙，神情嚴肅，一副臉上寫著「沒事別來煩我」。

但你們還是屁顛屁顛地前仆後繼，去完合作社，經過辦公室，就成群結隊圍在我桌旁，我問：幹嘛？你們說：也沒有，來看看老師。接著就插科打諢起來。說什麼誰很機車，上課很無聊，但總會不經意的提醒我：老師，身體要顧，早點睡啊！我愣一下，答應你們，心裡很暖，卻一再食言。

因為我得讓自己更強啊！強到能帶你們看見天高海闊。

畢業典禮後，導師們見面第一句話，你們猜猜是什麼？

答案是：「你剛才有哭嗎？」

我們預期自己會哭，但不知道為什麼在當下哭不出來，你們幾個女生已經哭成淚人兒了，男生還是傻憨傻憨地杵在那邊。

我忙著安慰你們：「會再見面的，會再見面的。」即便，我知道青春是一張單程票。

回到家後，我打開你們製作的畢業影片。看著影片裡的你們，模仿所有的任課老師，神韻、口頭禪、節奏都抓得惟妙惟肖。我笑岔了氣，只是不解，怎麼會模仿，就是模仿不出老師們的學養呢？

突然，影片開始時光倒流，照片一張一張地回放，從高三籃球賽、拍畢業照、到高二畢業旅行、校慶擺攤、英文歌舞劇，一幕幕地往回跑。從現在成熟，回到當初青澀的樣貌。

我笑著笑著，就哭了，淚就跟水龍頭一樣，止不住。

誰准你們這樣逼哭我的？誰准你們的……你們難道不知道，這樣會讓我捨不得你們嗎？

最後，影片的畫面停在，當初匆匆忙忙奔向二〇三的我，在台上自我介紹：

「各位同學，你們好，我是你們未來這兩年的導師歐陽立中，請多多指教。」

時間快得我們都猝不及防，還沒準備好說再見，它就催促我們該趕路了。再問我一次好嗎？就那句：「歐陽，你會想我們嗎？」

對不起，我真的想你們了。

原來，我們說，是為了留住。

國語演說競賽在即，我留下來幫孩子們特訓。有時，我是個不稱職的教練，明知道要怎做才會讓選手得獎。但我常在最後一刻收手，因為有時選手的那份樸實，珍貴到我捨不得去擾動，演說矛盾的地方在於，有了技術，樸實也就不在了。

采庭是我訓練的選手之一，說實在，這孩子不錯，可是要奪冠還有段距離。可是，就在今天，我突然明白比冠軍更重要的意義。

采庭今天練習的題目是：難忘的身影。

一份來自朱自清的既視感，這種題目，已有朱自清在前，怎麼講都很難超越。但采庭上台前，跟我說：「老師，我等下萬一講到哭怎麼辦？」

嗄？講到哭？怎麼可能。

但她真的才講一分鐘，就在台上淚崩了。這要她繼續講？還是不講？

我拉張椅子，請她先坐下來，讓她情緒緩一緩，用聊天的方式，慢慢讓她說出糊在淚痕中的畫面。談話像雨刷，把擱在回憶的淚刷開。

「所以，當時發生了什麼事呢？」我問。

采庭告訴我：「我爸是台商，所以我們曾在對岸住過一陣子。後來我回台灣唸書，爸媽仍得在對岸工作」

「那父母離開前，跟你說了什麼嗎？」

「我媽媽要我好好吃飯、照顧自己，他們很快就會回來，我都說好，但其實，我發現自己沒有那麼堅強，只是因為好面子。」采庭眼眶泛淚。

「采庭，你知道嗎？這不是好面子，而是你不想讓他們擔心，這是一種成熟。」注意到了嗎？我在幫采庭換框，重新調整她看待自己的方式。

「那麼，能跟我聊聊當時是誰的背影讓你難忘呢？」我接著問。

「是我媽媽的。」

「你還記得為什麼讓你難忘嗎？」

「因為我看見媽媽離開的身影，我突然發現，她已經不像以前那樣美麗，多了一份滄桑，可是我卻留不住她。」采庭把畫面講的很清楚。

其實，我應該別讓她再講這個題目，畢竟場上情緒失控，是選手大忌。可是這是我聽過最真情的演講，如果她能講得出來，那就像火影忍者李洛克，開了八門遁甲一樣，從此踏入另外一個表達的境界啊！

所以，我殘忍地要求采庭再試一次，講到哭沒關係，努力哭著講完他。采庭說好，在台上的她，講到動情處，她努力強忍淚水，但終究是擋不住回憶的暴雨，眼淚潰堤。

但是，我發現，最後講完，她是淚中帶笑的下台。

像雨後轉在葉上的雨滴，斜陽照的它晶瑩剔透。是的，我要她努力說出來的原因，是因為要她留住這份回憶。

就像我外婆過世隔天，我是在捷運站的長椅打完追念文的，打字和掉淚的速度不相上下，嚇壞了旁邊的路人，以為我失戀還怎樣。但我得這樣做啊！因為就像電影《可可夜總會》一樣，真正的死亡是被所有人遺忘的瞬間。而面對回憶，我們總是如此健忘。

只有寫出來、說出來，我們才能真正重整情緒、永存回憶。

采庭講完了，我跟她說，這是我聽過最棒的演講。也許在場淚崩是不專業的表現，但我寧可她不專業，也要留住這份真。其實，**我們說，不是為了留住冠軍，是為了留住生命最燦美的瞬間。**

我們練到教室都斷電了，我就帶著他們到走廊的圓桌椅，談談演說、聊聊人生。背後是落日餘暉，以及壘球隊練習時，壘球觸地的鏗鏘聲響。

原來，太陽落在地平線，是有回音的。

都你在講，他們怎麼超越你？

如果有一天，你的老師告訴你：「你已經超越我了！」你當下的感覺會是什麼呢？

我無從得知，但我班上的孩子們，應該都能回答這個問題。

就在他們報告完白先勇《台北人》之後，我難掩激動地對著他們這麼說：「當年，我高一的暑假作業是讀《台北人》，但當時有讀沒有懂；直到大一國文系的期末考，考了白先勇小說的申論題，才真正明白《台北人》在談什麼。」我邊說，邊回顧自己的過往。

「可是你們在高二，就把我當年來不及讀懂的小說，讀明白了、也講明白了。從你們的簡報美感、報告條理、講義製作，我敢說，你們已經打趴當年的我了，也敢說，已經完勝很多大學生了。」他們簡直不敢相信我會如此稱讚他們。

這也難怪，因為我對他們的要求很高，他們知道歐陽老師總有無數意見，要他們做這個、弄那個、改這個。

但他們不知道的是，我教學最大的目標，就是看見學生超越我！

為了讓他們超越我，就像下一盤棋，你必須一步一步的布局。

有些人不願讓學生報告，因為他們總認為老師就該講課，可是他們忘了，如果一直講，學生哪有機會超越老師呢。但我也聽過，有些人讓學生一直報告，這麻煩在於，沒有引導示範的報告，學生只是把過去的下限重蹈覆轍。

所以「講課」和「報告」的比重，一定要拿捏非常清楚。那麼，在學生報告前，你可以做哪些準備呢？

一、訓練簡報能力

雖然簡報不是一切，但一份醜簡報，是可以摧毀一切的。我很怕看到醜簡報，怕得不得了。

剛好實習老師令竹，非常擅於簡報製作。於是我邀（ㄑㄧㄤˊ）請（ㄆㄛˋ）她，為孩子們進行兩堂簡報課。

人都要衣裝了，憑什麼簡報不用呢？

果然，在令竹的指導下，孩子們的簡報從此改頭換面。更可怕的是，他們就此展開簡報的軍備競賽。比如宇婕那組報告〈那片血一般紅的杜鵑花〉，還沒開始報告，簡報一放出來，就立刻驚豔全場。

他們依據文本，調出最符合文本的色調，磚紅底，配上一抹紅標，杜鵑花開在左上和右下，一張簡報，就把所有人帶入故事情境。

結果，隔天一早我到教室，就看到翊芳組在做最後修改，他們第一節就要報告。你看，孩子們的潛力是彼此激發出來的。

二、給資料藏寶圖

我還記得唸台大研究所那年，教授在課堂上講解課綱，分配我們每週要讀的文本，以及要上台報告的日期。幾天後，我很認真的去圖書館借，結果發現資料好多都被借走了。

這給我很大的震撼，從此，我都是教授一公布文本時，那節下課後，我就直奔圖書館把資料掃完。

所以，我讓學生報告，會告訴他們參考資料有哪些。但也會殘忍的告訴他們，有哪些資料書店已經買不到了，只能到圖書館用借的。至於借不借的到，全憑手腳俐不俐落。

果然，一下課就看到有孩子直接用電腦在圖書館搶先預約。

三、給予報告框架

有句話說：「有限制，才自由。」這對於學生型的報告，簡直真理。我曾讓學生自由報告過，結果就是，慘不忍睹。

所以這回我讓孩子們，分別報告《台北人》六篇小說時，給了非常明確的報告框架：分成「台上簡報」、「台下講義」。

簡報的框架是：故事情節、人物分析、寫作技巧、主題探討。講義的框架是：把重點挖空，讓聽眾填空。

當每一組都依照這個框架時，你會發現，孩子們至少有模有樣。而且，後面的組別，在當過聽眾之後，更能針對我給予報告組的回饋，做出調整和改進。

試著讓孩子們講吧！都你在講，他們哪有機會超越你。當他們超越你的那一刻，你才會真正明白，我們老師存在的意義。

學習的三個層次：刻意、熟練、出神

最近在講莊子的「庖丁解牛」，大意是庖丁在文惠君面前，表演解牛，明明很血腥，但在莊子筆下，解牛宛若一場交響樂。就像是《金牌特務》，最後成群壞人頭爆炸的場景，在導演馬修・范恩的巧思下，變成一場華麗的煙火嘉年華。

當然，解牛不是重點，重點是庖丁告訴君王，他經歷解牛的三個層次：

第一個層次是：眼前看到的是一隻牛。

第二個層次是：眼前看到不再是牛，而是牛的肌理與結構。

第三個層次是：「神遇不以目視，官知止而神遇行。」簡單來說，就是不靠感官行事，而靠心神來運作。

就像是《灌籃高手》，流川楓被王牌殺手南烈，一肘尻爆眼睛，他上罰球線發球，選擇眼睛閉起來發球，竟然投進了。每次講到這裡，學生都一片茫然，因為很少人進入這個境界啊！

所以，我一直在找他們能懂的解釋。終於被我找到啦！

其實，**庖丁所說的三段歷程，正是我們學習的三種層次，分別是：刻意、熟練、出神。**

你應該有玩過一個遊戲，就是要你念眼前字的讀音，「紅、綠、藍、白、黃」這很容易。但接著為這些文字套上不同的顏色，然後要你念出字的顏色，偏偏每個字的顏色，跟他本身意思是不一樣的，這時你就會卡住。

可是經過適度練習後，你熟悉這個規則，又能順利念出來了。之所以一開始會卡住，因為大腦進行「認知控制」。

大腦有兩個區域負責認知控制，第一個是「前扣帶迴皮質」，他像是煙霧警報器，負責監控你遇到的狀況。第二個是「外側前額葉皮質」，他則扮演救火隊的角色，接收到警報器的訊號，就開始處理狀況。有趣的是，這兩個區域，會因應不同狀況，而開啟或關閉。

回到學習的三個層次。在「刻意」這個層次，兩個區域都會打開，提醒你在學習一個新技能，不舒服是很正常的。

慢慢地，你掌握這個技能，到了「熟練」這個層次。這時，兩個區域會同時關閉，所以你幾乎不假思索，就能使用技能。

那麼，「出神」這個層次呢？

曾有科學家做個實驗，在爵士樂手演奏時，掃描他們的大腦。赫然發現，當爵士樂手在表演熟悉的曲目，並加入即興演奏時，腦內的「救火隊」關閉，但「警報器」卻是開著的。這意味著什麼？就是你的身體，不再受意識控制，但是你的意識，卻又保持高度敏銳。

這個有趣的概念，我是從萬維綱《高手學習》看來的。這下子，同樣道理，那些唬爛到不行的動漫，突然也都有了合理的詮釋。

《黑子的籃球》的火神大我，在球場上眼睛發出白光，動作行雲流水，進入Zone的領域；《網球王子》的越前龍馬，被對手逼到絕境時，會進入「無我」的境界，動作不可預測，直接打爆對手！我不知道漫畫家有沒有讀過莊子，但這就是所謂的：「神遇不以目視」啊！

你說：「歐陽老師，那《遊戲王》武藤遊戲，在打遊戲王卡時，出現另一個帥氣的遊戲助陣，那也是出神的境界嗎？」不是，那只是雙重人格。

PART 3

學習

現在放棄就輸了

不是坐在教室就叫做學習，

而是……

為什麼要學習？飄移的起跑線！

我曾帶孩子們玩了一個殘酷的遊戲，非常殘酷，但非玩不可，因為我得讓他們理解這世界的運行法則。遊戲靈感來自於潘怡如老師，當時我看到這個遊戲玩法，大為震撼，剛好教到荀子《勸學》，荀子很努力告訴大家，學習很重要，所以我決定幫荀子一把。

「課本闔起來，我們到外面空地集合，老師帶你們玩一場遊戲。」進度告一段落，我跟學生們說。

「喔耶！要玩什麼遊戲？」大家顯然很興奮。

「等一下你就知道了。」我賣個關子。

學生很迅速地集合完畢，眼尖的學生發現，離他們前方不遠處有五罐飲料。

我告訴他們：「這五罐飲料是給你們的，但只有五個人能喝到，哪五個人呢？就是最快跑到飲料放置點，並且拿到飲料的人。」

「喔喔喔！」幾個學生起跑動作馬上擺出來了。

「等等，我沒說從這開始跑啊！」我阻止他們。

「我會問十個問題，你符合敘述就向前一步；不符合，就向後一步。」我解釋遊戲規則。學生以為我要考課文問答，紛紛屏氣凝神。

「你是獨生子嗎？是的向前，不是的向後。」這是我的第一道問題。

「耶！爽啦」「蛤？」「為什麼？」顯然問題出他們意料之外。有人向前，有人向後，差距拉開了。

「你跟雙親一起生活嗎？是的向前，不是的向後」我接著問下去。差距又被拉開了，伴隨著得意與失落。

「你的父母會陪你讀書嗎？會的向前，不會的向後……」一題接著一題，每個人的起跑線不斷在飄移。

「好，最後三題。」「從小到大，你的成績幾乎保持在班上前十名的，向前一步。」狀況突然改變了，有些剛才一路退的學生開始緩緩向前移動，像冰河般慢而堅定。

「除了教科書，你有保持閱讀課外書籍的，請向前一步。」嘩！冰河又緩緩前移了一點。

「你對未來非常明確要念什麼科系的，請向前一步。」這是最後一道題目了。學生們的起跑線就此確定，只是，有的前，有的後。

「好了，我們比賽準備開始，當我數到三，你們就向前衝，先跑到並拿到飲料的，那罐飲料就歸你。」我正式宣布比賽規則。

一、二、三，開始！

有的人衝很快，一轉眼就快到終點；有的人明顯落後，卻也奮力追趕；也有一些人，顯然放棄比賽，站在原地。比賽在一瞬間結束了，五個優勝者開心地高舉他們的戰利品。

「好，大家圍過來，隨意坐下。」

「你覺得這場遊戲公平嗎？」我問。

「不公平！」沒搶到飲料的學生喊得特別大聲。

「為什麼？」

「他們站那麼前面，先天優勢太大。」

「沒錯，各位，但這就是真實人生啊。」我說。接下來是一陣默然。

「你剛明明落後，但為什麼跑？」我問一位跑得認真卻沒拿到飲料的同學。

「我想說有跑有機會。」他靦腆地回答。

「那你呢？你為什麼不跑。」我問另一位學生。

「差距太大了，我追不上」這位學生語帶無奈。

「不知道你有沒有發現，前七題都跟你先天家庭環境有關，那不是你能掌控的；但是後三題呢？」我問學生。

「跟後天學習有關。」有幾位學生反應過來了。

這代表什麼？**人生本來就不是一場公平的遊戲，M型化社會、貧富差距、階**

級再製……都是我們常用來定義的方式。

但是**我們可以一步步扭轉劣勢的，靠什麼？靠不斷地「學習」。也許它像冰河般緩慢，不過千萬別忽視它的力量，因為總有一天，它會改變整個世界的地貌。**我們的人生也是如此，你必須很努力，才能扭轉一點點劣勢，你會因為差距太大就不跑嗎？那太傻了。

因為，跑了雖然不一定追得上，但是一定會比你現在更好！學習也是。我希望他們做到的，是找到人生導師，努力跟他學習，把那些失去的、沒有的、落後的，一點一滴地追回來。

這就是人生，「不公平」是它的本質，但可以讓「瘋狂學習」成為最強的特質。

知道答案在哪裡，比知道答案還重要。

有次，我在大學講課，剛好談到王家衛的《一代宗師》，我問在場學生：「電影裡面提到，習武之人有三階段，請問是哪三階段？」

所有學生都傻了，搖搖頭，心想：誰知道啊？這時，有位教授舉手回答：「見自己、見天地、見眾生。」

哇！所有學生簡直驚呆了，這麼冷門的題目教授竟然會，不愧是教授啊！學識淵博無人及。學生們對教授投以崇拜的目光。

我說：「教授，您太厲害了！這一題我演講這麼多場以來，您是唯一一個答對的。」結果，教授反而不好意思了。她說：「我沒那麼厲害啦！其實，我是用手機查google才知道的。」

這個故事太有意思了。

對於這位教授而言，長期的學術訓練，已經養成她解決問題的慣性，有書，查書；沒書，查網路。記在大腦裡，不是唯一選項。

中學時，我們都習慣題目有詳解。但是出了社會，才發現，很多問題並沒有附上詳解。

「我該先考研究所，還是先工作？」

「這個企劃案我根本沒做過，怎麼辦？」

「我想當編劇，可是要怎麼開始啊？」

於是，你開始為著答案焦慮，你總覺得奇怪，問題明明很難，可那些牛人怎麼都知道答案。你覺得這就是認知差距，反正他們就是知道，所以你認了。

結果你放棄了這個問題，因為太難，我不會。接著放棄下一個、下下個……你覺得這世界太複雜，生也有涯，而知也無涯，所以還是絕聖棄智去好了，做個快樂的簡單人。

其實，你誤解了一件事，就是**那些牛人並不是真的知道答案，而是他們手握答案的藏寶圖，需要用到時，才按圖索驥，把答案挖出來罷了。知道答案在哪裡，比你真的知道還重要。**

怎麼擁有答案的藏寶圖呢？

分享三個方法給你：

一、認識不同領域的高手

同領域的朋友會給你安全感，但是思考模式太過接近，無法幫你解決更高維度的問題。但不同領域的高手可以。所以，你要想辦法跟高手連結，交換技能，互利共生，就能拿下第一張藏寶圖。

二、蒐集讓你驚艷的資訊

其實，同樣上臉書，高手的臉書是資訊網，而你的臉書只是娛樂網。差別在哪？高手懂得用臉書連結更多高手，搶先追蹤優質粉專、follow 意見領袖。另外，看到厲害的文章、有哏的圖表，就順手存下來，用不用得上不知道，但反正存不用錢，哪天用上還會升值。

三、閱讀各種類型的書籍

網路可以查到答案沒錯，但大多是碎片化知識，而書則是系統化的建構。要攻入一個陌生的領域，其實沒想像中難，去找那個領域最基本的十本書來讀，就能具備基礎知識了。

書就像是一個人的外接硬碟，還沒用上時它就擺在那。

但當你遇到問題時，你的閱讀經驗會幫助你想起，好像在哪本書有看過類似的問題，然後你找啊找啊，還真挖出這本書。那種感覺，真是難以言喻的……爽！

「強記」是多數人的學習經驗，但在這時代，隨時都是變局，你記完的知識，也許明天就過時了。因此，「博學」才是解方：知道誰有經驗？哪裡會有資料？哪本書有答案？

我特別喜歡《愛麗絲夢遊仙境》紅皇后說的一句話：

「你必須拚命奔跑，才能留在原地。」

是啊！在這時代，新知識才剛出現，下一秒就進outlet，連要留在原地都變得如此困難。所以我們要做的，不再是強記答案；而是知道販售答案的門市和outlet在哪裡。

急用，進門市高價買進；緩用，去outlet撿個便宜。要做，就做最精打細算的知識消費者。

學習的四種境界！

教《諫逐客書》書時，搭配呂世浩《一場歷史的思辨之旅》來看，實在痛快淋漓。這篇文章的說服技術不錯，但如果不懂文章列舉的秦王們做了什麼，那讀來興味就大打折扣。

就像是看《超人對蝙蝠俠》，卻沒看過DC的美漫一樣，很多彩蛋當然就看不出來。

其實我覺得戰國七雄就像是七支棒球隊，哪一支能奪下總冠軍？關鍵就在於這些國君們，是否能在每局把安打串連起來。串連，才能得分；得分，才能奪冠。

秦國的棒次排得漂亮，中心棒次分別是秦穆公、孝公、惠王、昭王、嬴政，打線一串連，攻得六國曳兵棄甲。其中，秦孝公為了搶人才，頒布「求賢令」，竟然挖到寶藏，就是商鞅。

關於商鞅四見秦孝公之間的故事，我覺得特別有意思。

當商鞅第一次見秦孝公，大談「帝道」，結果秦孝公睡到快翻過去。後來第二次商鞅改談「王道」，秦孝公精神好點，但仍呵欠連連。第三次商鞅學乖了，暢談「霸道」，秦孝公開始動心了，但還未重用。第四次商鞅只談「強道」，秦孝公聽到欲罷不能，最後重用商鞅。

商鞅受到重用，但也大為感嘆，他說，秦國能稱霸，但國祚絕對不長。

這四道分別代表什麼呢？帝道指公天下之道，時間慢但效力最長；王道指行仁義之道，時間緩但效力也長；霸道指假仁義以行，時間快但效力有限，強道指武力掠奪進攻，時間最快但有副作用。

在當時各國都在軍備競賽，不顧未來，只爭當下。所以秦孝公選了強道。後來的事你知道了，商鞅變法，以軍功行賞封爵，獎勵耕戰之士，打擊貴族。變法是成功了，但秦孝公死後，商鞅失恃，最後伏了自己的法，五馬分屍。

你知道嗎？其實「治學」和「治國」一樣，是有分時間和效力的。

若把商鞅「治國四道」轉換成「學習之道」，我們可以這麼看：「強道」就是「死背」，效果最快看得到，但卻離真正的學習最遠。「霸道」就是「理解」，需要花較多時間，但不再只是見樹，而是看見整片森林。

「王道」就是「反思」，又要花更多心力，但你開始懂得逆向思考，不做知識的奴隸。「帝道」就是「應用」，效果最慢看得見，但在知識的複利效應下，終究成一家之言。

有時，我會回顧自己的學習歷程，還真的就是這麼一回事。

高中時為了應付選擇題，我選擇「強道」，只是死背知識，考到好分數，但不明白為何學習。

大學時開始面對申論題，我選擇「霸道」，把中國文學史、思想史發狠讀完，許多高中時不懂得國學常識，竟然也就迎刃而解了。

出了社會後，我才發現這世界大的嚇人，沒有什麼非學不可，但不學，就準備被淘汰。這時，就得用「王道」和「帝道」，求知若渴、虛心若愚。

沒有人逼我考試、叫我學習，但我學得最開心，也最瘋狂。

每次自費去外面報名課程，看見身邊的學習同好們，我們總會彼此會心一笑。因為我們都知道，在人生這條路上，只有瘋狂學習才能創造時勢。

好好溝通，看米開朗基羅如何搞定難搞的市長？

一場互嗆秀在我面前上演。「鍋子借來就黑啦！你要，我賠你啦！」「歐陽老師，你們班學生什麼態度啊？」一邊是我班上學生，另邊是行政大姊。

事情是這樣的，我們班上孩子上烹飪課，跟學校借了鍋子、鍋鏟。開開心心弄完黑暗料理後，欸，不是，是滿漢全席。洗完鍋鏟準備歸還學校時，一級警報狀況發生了。負責器材的大姊認為沒洗乾淨，要孩子們重洗，不然不能歸還。

孩子們刷呀搓呀洗呀，一個中午就這樣過去了。

「老師，我好想拿鍋子敲那大姊啊！」這驚世駭俗的話，出自班上一個平常溫和的女生。

我：！！！！！！

原來，他們鍋子洗乾淨了，也累翻了，想說這下總過關了吧！沒想到，還是被大姊駁回，因為其中有個鍋子底部還是黑的，學生說借來就這樣了，大姊說是你們用完才這樣的。

這道千古難題，比雞生蛋，還是蛋生雞，難解一百萬倍。

一下課，孩子們衝進辦公室，把我團團圍住，幹嘛？有冤屈、告地狀啊！我說：「來，別擔心，我帶你們去還鍋鏟。」

其實啊！我心裡盤算是這樣的：大姊會看在我面子上，就點頭過關了，孩子們也覺得班導好罩。結果，我被他們聯手打臉了。因為那該死的黑鍋。

大姊皺眉說：「不行啊！這鍋子還這麼黑，你們根本沒洗乾淨啊！」

啪！啪！啪！什麼聲音？那是孩子們理智線斷裂的聲音。

他・們・爆・走・了！

「最好是啦！我們刷了整個中午耶！」「借來時本來就是黑的啊！根本不是我們弄的。」

喂喂！你們……冷靜一下。

「那麼缺鍋子是不是？我們買一個送你啦！」不！怎麼會這樣？劇本不是這樣寫的啊！

「歐陽老師，你們班學生怎麼回事？竟然用這種態度說話。」大姊也怒了。

當導師最難的，就是，你的人格彷彿由學生的言行而定，然後學生都會不時給你驚喜啊！可是，這次我是心疼他們的。

因為老實說，我看他們刷好的鍋子，比我家的鍋子還乾淨。我拿起鍋子看，竟然還能照見自己帥氣的臉龐，你看，這鍋子亮得像鏡子，還開美肌。

可惜的是，你們刷得這麼努力，卻因為氣到暴走，而全被抹滅了。

「大姊，不好意思啦！他們真的很認真刷，只是一時情緒。這樣吧！其他的我們先還，這個黑鍋我們回去再洗過。對了，你能告訴我們要用什麼洗嗎？」

「這要用小蘇打粉洗啊！」我趕緊把孩子們帶離維蘇威火山，但他們繼續沿路噴發。

「你們聽過米開朗基羅刻大衛像的故事嗎？」在樓梯轉角，我停下來，這麼問他們。他們搖搖頭。跟你們說個故事吧！

曾經，米開朗基羅費盡心力，終於把大衛像刻完了。結果，佛羅倫斯市長為了展現他的審美觀，故意挑毛病，說大衛像鼻子太大，看起來不夠硬挺，要他改。標準外行指導內行啊！如果是你，怎麼辦呢？

米開朗基羅說：「沒問題！」就拿起雕刻刀，吭叱吭叱修起來了，石屑從大衛像落下來了。

「市長，修好了，你看看如何？」

「嗯，好極了，這樣就對了。」

市長很滿意，米開朗基羅嘴角帶笑。其實，他根本沒修，只是把一搓石屑從手中落下來。

「好，你從故事學到了什麼呢？」

「所以我們鍋子不用洗！」一個反應很快的男生回答。其實，他沒說錯，但這不是我想從故事提煉的重點。

重點是什麼？如果當時米開朗基羅跟市長爭執，結果會怎樣？市長硬是找其他雕刻家修鼻子，最後大衛像就這麼給毀了。

米開朗基羅知道爭執沒好處，因為只會造成彼此對立，最後自己的努力都化

為泡影。所以他選擇接受對方想法，再用自己的做法留住偉大。

「也許你們現在氣頭上，根本不想用小蘇打粉來刷鍋子。但沒關係，鍋子就先放我這裡吧！時間，就是最好的小蘇打粉。」

等彼此靜一靜，讓一讓，鍋子也就亮了。

隔天，我發現放在辦公室的黑鍋不見了。慘了，這下我真的要背黑鍋了。這時，宥晴和冠景拿著鍋子走進來，開心地告訴我：「老師，我們拿小蘇打粉洗了，真的有用耶，鍋子變乾淨了。」

我們一起拿著鍋子去還，「大姊，謝謝你的建議，小蘇打粉真的有用耶！」我說。

「我沒說錯吧！你看這樣鍋子乾淨多了。」大姊笑得燦爛，收下了鍋子。

但其實，不是小蘇打粉有用。而是**當我們願意做時間的朋友，而不是做情緒的僕人時，才能避免不必要的衝突，讓你的才華與努力，終於水落石出。**

你需要的不是時間管理，而是……

最近，我被誤會得特別嚴重。很多人一看到我就誇：「歐陽，我覺得你好會時間管理啊！」

我：？？？？？

君不見，我的編輯們白眼翻了三百六十度。

我・超・不・會・時・間・管・理！

可是，為什麼大家都以為我會呢？這問題，我想破了頭，終於找到了答案。因為大家看我平常上班，還能每天發臉書長文，還能接讀書會、弄演講，同時還寫了一堆專欄。要嘛就是我是上帝的漏網之魚，每天多領了二十四小時；要嘛就是我是孫悟空的徒弟，拔撮毛，一吹就一堆分身幫忙。

不過，這僅止於想像，所以，結論還是，我一定很會時間管理，不然怎麼能做那麼多事。一場珍瓏棋局出現了：怎麼解時間管理這個局？呃……你確定要我說實話？

好吧！那你記著，「時間管理」你還用不到，因為你根本沒事可做啊！

時間管理的重要前提是，你要先找事情把時間塞得滿滿滿！你說今天要來閱讀充實一下自己，結果一本書你端詳了一天，也沒幹嘛，就翻翻翻、看看看，這……需要什麼時間管理啊！但是，如果你忙到只能留一個小時閱讀，體內自然會有個機制在運作，要你在這一小時內做最高效的運轉。

其實，你並不是在時間管理，而是用限制逼出你的極限。所以，別再問要怎麼時間管理，你要問的是：

「我確實把時間填滿了嗎？」

找各種有時限的事把你填滿，再來談談時間管理也不遲。我見過最狂的時間管理大師，是許榮哲。他啊！一年接三百場演講，一堆出版社排隊邀他寫書，然後每天還要被他的小編催稿，對了，還不包括他的主業：拍電影喔！可後來我發現他比我還隨性，又怎麼可能管理時間呢？他靠的是像拾荒一樣，搜集可用的時間碎片。因為稿子多到寫不完，他怎麼消化？

每天早早睡覺，然後半夜三、四點趕快偷爬起來寫。因為孩子們睡得正沉，寫作起來才能不受干擾。

我聽過他最狂的一次經驗是，在演講時趕稿！那篇文很急，但他整天都排滿演講。剛好，那天他講的是電影，他就利用課程裡，放的一段十五鐘的影片。

觀眾看影片的同時，他趁機趕幾段文章出來。

人家是這樣在榨出時間的精華液啊！

所以，**你想要談時間管理，第一步就是先把時間填滿，習慣在高壓緊湊的氣壓裡，才能感受時間的流動。**

那第二步呢？這很重要，就是接受不完美。因為「完成比完美還重要」。

其實，有些人超優秀，但過不了自己完美那一關，一篇小文章可能得花一天來寫；幾張簡報得花一個禮拜來完成。追求完美不能說是錯，但是，你的機會成本太高了。

在《每星期四都是翻身的機會》這本書，有個觀念談得特別好，那就是：「別玩菁英規則，要搞超速行動。」

你用最快的速度做到六十分，比人家花兩三倍的時間做到一百分還有效。因為一來，你東西出來後，要修不難；二來，你省下更多時間，去攻其他城。所以，不是要你不顧品質，而是要你先把產品生出來，品質這個概念才會有實質的意義。

你看我很多文章，其實剛出來都鳥鳥的，你說哪有？我看都挺好的啊！先謝謝你的肯定啦！但那是因為，我先求快，把文章丟上網，後面靈感慢慢成熟，我再回頭把文章修到滿意。

好啦！**回頭把自己行事曆翻開吧！如果空白如雪，那時間管理對你來說還太遙遠。想盡辦法找點正經事填滿它**，正經事包括：

看電影＋寫影評
讀書會＋認識人
去上課＋寫回饋
找靈感＋寫文章

辦課程＋做教材

還有……

別讓你的時間荒蕪了，你沒有殺時間的權利，因為向來都是時間在虐我們，

我只圖，跟時間談場虐戀。

孩子，你離開後，過得好嗎？

答應了一個演講邀約，時間衝堂，但仍排除萬難赴約，對象是「影視實驗學校」的孩子們，會答應，是因為想起我一個學生。如果他還在校，我們會一起畢業。

「台北影視實驗學校」是為體制外的學生而成立的。地點在寶藏巖往後走一些，由政府提供空間，把舊房子改成教室，然後由民間的協會負責辦學。招收對象是體制外的學生，他們選擇一條特別的路，自主學習，這間學校培養他們影視傳播的能力。

之所以名為實驗，是任何課程在都充滿可能性，但對未來也充滿未知性。孩子們很有自己想法，不想被升學體制綁住，選擇放手一搏。

佩蘭是這間學校的課程企劃，他為孩子們設計了這門課程：「演說表達工作坊」。找來了許多老師助陣，有熱血公民教師黃益中；故事革命創辦人李洛克；當然也包含我在內。

佩蘭提醒我，這裡的孩子很有想法，但有時比較自我中心一些，要我有點心理準備。「沒問題，我懂。」我笑著回應。很熟悉，就和我以前那位學生一樣，我會在這遇見他嗎？我反而期待著。

孩子們陸續進教室，人手一台筆電，他們習慣一開電腦，接著，沉浸在自己的世界。

對不住了，今天要讓你們破格了。

我開始引導他們對話、訪談、發表，刷刷刷的在白板上統整想法，讓孩子們忙得不可開交，電腦都還來不及開機。

接著，我開始帶他們找故事。

這裡的孩子很特別，你看他們像個大人，很有想法，但是其實內心沒什麼自信，這系列課程最後的成果發表，每個人要上台進行八分鐘的演說。

孩子們共同的困境是：我們有故事嗎？誰要聽我們的故事？

有的，絕對有的，只要你願意深掘，以及主動讓故事發生在你身上。

我給他們五個故事模組，其中一個是「對手故事」，找出你生命中的對手，回想你人生中被慘電的時刻，從對手身上，你學到了什麼？

我讓孩子進行自由書寫，伴隨著五月天的〈倔強〉，接著讓他們彼此分享。

有個孩子沒寫，他說他人生沒有對手，因為都是第一名，但誰也聽得出，這是他的玩笑話。

我說：「**沒有對手有兩種可能，一種是你天下無敵，但寂寞；另一種是你根本未曾踏上賽道，自覺沒輸，但錯失了為自己拚搏的機會。**」

他們愣住了，我向來直白，說真話。

課程結束後，佩蘭很謝謝我願意來，也跟我聊起她的教育理念，我這才發現，她也是教育實業家啊！她說因為是實驗教育，看起來有很多新的可能，但也有許多挑戰要面對。

光是規劃「演說表達工作坊」，她就飽受質疑的聲浪：影音技術是幕後工作，學演說表達要幹嘛？欸，對業主提案需不需要表達？說明創作理念要不要表達？又或者得獎發表感言要不要表達？

很多道理其實很簡單，但難的是思維上的改變，佩蘭力排眾議，硬是讓演說表達課程早地而起。我很佩服她，其實體制外的學生，他們都曾在體制內，因為不適應而離開了。或許，對師生彼此而言都是種解脫，但離開體制之後呢？可能我們就不得而知了。

但是佩蘭讓我知道，是有人這麼用盡全力，讓這些孩子在體制外還能學飛，而不是無盡的自我放逐。我想起了班上那個孩子，極有才華，只是這世界，少了一種能理解他的語言。連我也沒學會。

我那時第一場新書發表會，他是班上唯一來參加的孩子，我很感動，因為在班上我沒說，他自己得知的。

只是隔天，我收到他跟主任大吵一架的消息，原來，那天他幫朋友在學校輪值，結果為了參加我的新書發表會，他翹班了。他覺得錯不在他，因為他只是幫忙，但我們都知道幫了就得扛責任。主任也是這麼告訴他的，沒想到，他火了，覺得被刁難。

忤逆師長，是警告一支。

放學後，我到教室想找他談，發現他唸唸有辭，但好像在寫什麼東西。我把他找來談，他的言詞向來犀利，不時夾雜著一些語助詞助威。

瞭解狀況後，我問他在寫什麼，原來他在寫給主任一封「說明信」。用詞當然還是很尖銳，什麼體制荒謬啊！自己沒辦法當逆來順受的庸才啊！

但是我沒罵他，我只問：「其實，你想跟主任道歉，對吧？」他一愣，罵了好幾聲他媽的，但是眼淚卻一直掉下來，他也不知道為什麼會這樣。

言詞犀利的他，內心其實有柔軟的一面，只是他從不願意去證實。後來，我幫他修了信，跟他談如何好好道歉，然後一起去跟主任道歉，事情也就這麼落幕了。

但是，我終究留不住他。

這孩子厭惡教育體制，上課少了靈魂、考卷少了答案，最後他母親迫不得已，讓他休學了。我們彼此都盡力了，我也只能相信，在體制外，或許他會過得更好吧！

看著影視實驗學校這群孩子，我想起了班上的他，不管是體制內外，還是身心內外，我總覺得他們心中都有種矛盾。

渴望自由，但卻不安；眺望遠方，但卻徘徊；以邊緣自豪，但卻期盼被理解。認識了佩蘭，我心安了不少，因為我知道，有人是如此用心開路。

孩子們，真的要珍惜，因為當你踏進外面的世界，不是你說渴望自由就算數，**能真正擁有自由的人，往往曾經對自己下過狠手。**

只是他們不說罷了。

如何成為努力的天才？

漫畫《火影忍者》中，我特別喜歡兩個角色：「努力天才」李洛克和「策略天才」鹿丸。想成為學習的霸主，就從這兩人身上學準沒錯。

簡單聊聊李洛克，李洛克是一個不會忍術的忍者，他靠的是體術。其他忍者會噴火球、召尾獸的遠距離攻擊，只有李洛克必須靠著近身搏鬥來作戰。所以他必須把自己練得更快、更猛、更耐打。

他比不上日向寧次、也比不上宇智波佐助，但他的熱血導師阿凱告訴他：

「你是天才，但是，是努力型的天才。」

從此，李洛克下定決心，給自己玩一場訓練打賭遊戲。像是，「我要做五百下俯地挺身，如果沒辦法做到，那就要跳繩一千二百下。」

最後，他成為最厲害的體術忍者。

每次重看這段故事，總是熱淚盈眶。因為我的學習歷程就像李洛克，而我班上的孩子們也都是李洛克。

「努力的天才」是我們唯一的選擇。

如何像李洛克一樣下定決心而不跑票呢？我這裡提供三個系統化做法：

一、臉書詔告

很多人以為下定決心，就是寫個目標放在書桌前，讓自己看得到就好。但是，別太相信自己的督促力。

人都有惰性，一旦只有自己知道，就會不斷放過過自己，或者偷吃步。因此，最好的方法就是：讓一票人讓監督你。這些人哪裡來？他們來自你的臉書朋友。

人會自欺，但在網路上一切將無所遁形。所以，設定目標後你可以發文詔告天下。讓所有關注你的人，等著看你是要創造神話，還是準備製造笑話。像我詔告天下，每天要寫一篇文章，你看，我沒有回頭路了，只能硬著頭皮實現承諾。

二、痛點約束

想辦法找出你的痛點，用這個痛點軟肋來制約自己，迫使自己不得不去完成事情。通常人的痛點是什麼？答案是：錢。

舉例來說，你下定決心假日七點就要起床唸書。但一定常常不小心睡到中午十二點。那該怎麼辦？別擔心，教你一招。

你可以前一晚讓臉書排程發文，內容是：「若你看到這篇文章並且按讚留言，我就會給你十元。」

然後排程隔天早上七點自動發文，那麼，你唯一不要傾家蕩產的方式，就是隔天早上在七點從床上跳起來，把這篇排程發文的文章刪掉。否則，你睡到中午試試看，一堆債主已經在門口跟你討錢。

三、即刻獎罰

想想看，手機遊戲為什麼好玩？因為他會給你即時反饋，打得好他讓你升級、拿寶、賺錢。所以你的努力他會立即兌現給你看。

那讀書為什麼會無聊呢？因為沒有人會給你即時反饋，所以你只能跟自己死嗑。要讓自己決心延續很簡單，就是你要當自己讀書遊戲的NPC，給自己設定獎賞和懲罰。

像漫畫中李洛克設定的是懲罰，「**如果這項沒完成，就懲罰自己再多做什麼。」重點在於，這些懲罰能讓他提升技能值。**所以，如果應用在讀書，你可以設定：「如果這份數學考題我拿不到八十分，我就要立刻再去多背十個英文單字。」

你看，若過關，你數學變好；若沒過關，你英文變好。怎麼玩都穩賺不賠。

另外，即刻獎勵也很重要，不要只用懲罰制約自己。像是你可以設定遊戲規則，「如果我今天把這份英文考題寫完，回家時就買一杯珍奶犒賞自己。」

但切記，絕不能先預支獎勵，這樣你會覺得領過獎品，就懶得完成今日任務了。讓我們一起證明，努力，是可以超越天才的！對此，我深信不疑。

不愛唸書怎麼辦？

其實，不是每個人都適合讀書，每當看到不愛唸書的孩子，被迫坐在教室，跟著讀書考試，然後受挫，就覺得十分同情。

但別急著把責任全歸咎在教育體制，因為**學校是你選的，升學是你選的，你當然有義務要為自己的人生負責。讀書不是唯一的出入沒錯，但如果真的不愛讀書，該做的不是厭絕知識，而是趕快找尋替代方案。**

替代方案我幫你找好了，就是「行動力」。

繼續從麥當勞創辦人克羅克談起，在他的創業自傳《永不放棄》中提到，「我從小不愛讀書，覺得書本索然無味，我比較喜歡行動。」

克羅克說他從小喜歡做白日夢，但神奇的是，他的白日夢都會成真。他想要一個檸檬汁攤子，就有攤子；他想開一間唱片行，就和朋友合夥；他想開好多間麥當勞，結果如他所願。

是因為他有阿拉丁神燈嗎？當然不是，**比阿拉丁神燈更管用的是「行動、行動、持續行動。」一有想法，先行動再說，然後從行動中汲取更多的經驗。**

像是他提到自己曾在叔叔的藥妝店打工，負責汽水的銷售，在那裡，他學會如何運用微笑和熱忱，影響顧客的消費行為。讓他們本想買汽水，最後卻順便買了聖代。當克羅克遇到問題，並不是視而不見，而是採取行動，設法解決問題。

舉例來說，克羅克剛開始營運麥當勞時，遇到一個問題，就是薯條炸不出麥當勞兄弟的酥脆，反而軟爛無味。他立刻行動，想辦法解決問題，問了麥當勞兄弟未果，就跑去找馬鈴薯專家解惑，後來終於找到了答案。

原來馬鈴薯剛從地裡挖出來時，水分含量很高，慢慢蒸發乾燥，糖分變成澱粉，味道也變得更好。麥當勞兄弟剛好無意間，把馬鈴薯放在通風的箱內，自然就加速風乾。得到解答後，克羅克馬上設計一個風乾系統，還外加一台超大電風扇。

這就是驚人的行動力。

我想起一個畢業的學生叫做琇閔，她真的不太會唸書，即便上課認真聽，成績仍然不見起色。但我告訴她，她未來一定會成功。為什麼？因為她行動力強的嚇人。

那時她當學藝股長，她堅持要幫每位同學慶生，她記住每位同學生日，然後準備卡片和蛋糕，只因為她覺得每個人的生日都值得紀念。後來她想參加班刊競賽，那是一件吃力不討好的大工程，但她就是去做了。

每天跟同學邀稿、尋找照片，不會用編輯軟體怎麼辦？沒關係，她就黏著美術老師學到會。最後，她真的做出一份豪華班刊，為班上留下了回憶，還留下了班刊冠軍。

在她高三考完學測後，成績不盡理想，她跑來問我要不要考指考。我跟她說：不用。她大驚，問我說為什麼？我告訴她：「因為成績無法定義你的出色。」

她想唸護理，我說就去唸，別管成績高低，還是日校夜校什麼的，因為以她的行動力，我知道只要做她真正想做的事，就絕對會無可限量。我看過許多不愛唸書的孩子，但琇閔是讓我印象最深刻的一個，因為她永遠保持行動力，絕不因為被擺錯位置，就委靡不振、或是聽天由命。

你也不愛唸書嗎？那有什麼關係，沒人規定唸書一定會成功。

但請你先確認有沒有配備「行動馬達」，像是克羅克那種鷹隼般的行動力，瞄準目標，俯衝而下，絕不撲空。

如果沒有，請你重新考慮，因為說不定唸書對你而言，還比較輕鬆呢！

遊戲「煮過頭」教會我們的三件事

這陣子，朋友圈盛行「燒廚房」，原來指的是Switch的派對遊戲：Overcooked（中文為：煮過頭）好奇之下，決定買來嚐鮮，本來想說煮菜的遊戲能好玩到哪，沒想到這一玩，就回不去了！先說結論：這款遊戲根本神作啊！

在遊戲中，玩家扮演廚師，必須在時間內，完成指定菜單，才可以獲得金幣，並依照金幣決定你的星級。（一顆到三顆）遊戲非常容易上手，能執行的動作包含：拿菜、切菜、煮菜、洗碗、出餐。最有意思的動作是「衝刺」和「投擲」。

這個遊戲有趣的地方在哪裡呢？就是你無法一個人搞定所有事，但大家合作有可能搞砸所有事，所以「有效分工」是遊戲的關鍵。說起來容易，但在有限的空間和時間中，不是有人摔下去、大家撞在一起，就是肉焦了、廚房失火了，說是「地獄廚房」一點也不為過。

遊戲樂趣性絕對滿點，不過我看到的是遊戲的教育啟發。

一、默契不是讀心，而是彼此提醒

還記得以前打籃球，學長總是耳提面命：「對手若有人在底線要喊底過，若有人的跑到罰球線要喊上中。」一開始不解，想說沒喊會怎麼樣嗎？後來比賽時吃了大虧，被對方開後門、或是上中奇襲得逞，才明白人都有盲點，而提醒就是幫助彼此突破盲點。

同樣的道理，剛開始玩這遊戲，我們都各做各的，後來發現缺肉、缺菜、缺盤子，就怪對方怎麼不給力呢？但每個人都是獨立系統，當你眼裡只有自己，又怎麼能與別人共事呢？

二、失敗是必然，修正也是必然

大家都有聽過「失敗為成功之母」，但這話只講了一半，導致很多人以為集滿十次失敗，就可以換成功一次。

大！錯！特！錯！

這句話另一半應該是「修正為成功之父」。

玩「煮過頭」時，通常第一遍一定會失敗，因為遊戲給你一個混亂的狀況，比方肉在左邊、但煎盤在右邊，或是烹調區和原料區會轉來轉去。所以，我們得接受註定失敗的事實，但有趣的是，接著我們就會試著在混亂中「創造體系」。

「等下你先丟三塊肉過來。」

「然後你負責報菜單，絕對不能掉單。」

「飯煮完記得先放盤子上。」

修正之後，就開始「試誤」，如果分數沒因此提高，就繼續修正系統，直到方向正確，就開始想辦法精熟技術。

可是，在現實人生，我們常常不是這樣，考差了，很多人還是照老方法死嗑，把失敗單純簡化為不夠努力，然後繼續永無止境的失敗。

為什麼不願意去修正呢？

很簡單，因為我們的大腦很懶，喜歡用最習慣的方式處理事情。而且人生不像遊戲可以立刻得到反饋，導致你不敢修正，因為不確定性更大。這就是為什麼很多人總是，「間歇性躊躇滿志，持續性混吃等死。」因為修正和改變是違反人性的。

「努力卻失敗」至少還能自我安慰。

三、小心遊戲中的你，就是真實人生的你

電影《嚦咕嚦咕新年財》中，劉德華有個金句：「牌品好，人品自然好。」

平常我們在別人面前，會刻意掩飾，玩遊戲時，往往是我們最真實的反應。「煮過頭」這款遊戲，網友又稱為「分手廚房」，為什麼呢？因為一失敗，玩家的處世態度就出來了。有人習慣指責、有人甘願承受。

我發現自己竟然是「習慣指責」，輸掉遊戲，我就開始進行檢討，結果都是在檢討另一半。

「你要記得報菜單啊！」

「你餅皮要送快一點啊！」

「你不要跑過來撞我啊！」

可後來我發現，自己也幹了不少蠢事，比方把做好的菜倒進廚餘桶、把對方撞下懸崖、忘記煎肉……

我們總習慣用顯微鏡看別人，用毛玻璃看自己。

這給我一個很重要的提醒，那怎麼辦呢？後來另一半告訴我要彼此多鼓勵，所以每當有一個不錯的搭配，她丟肉過來，我接個正好，就要大喊：「Nice play！」

後來即使失敗了，我們會看到剛才彼此做得好的地方，就算有需要調整的，也會理性溝通，這是非常重要改變。我很少玩遊戲，但「煮過頭」顛覆我對遊戲的想像，甚至我覺得這款遊戲，可以用來教團隊合作、分工、溝通。

失敗並不可恥，可恥的是我們不願面對、不願修正、甚至覺得錯不在己，那才是人生中最大的失敗。

致大學生：未來是你的，拿下它

孩子們，大學分發結果出來後，我不知道你的心情如何，是如願以償？還是心有不甘？是哪一個，都好。

我們只能陪你走到這了。你眼前是無限的自由，再也沒人會唸你遲到、盯你讀書，你感覺無比自在，卻又不太習慣。如果可以，我這裡準備了一些錦囊，你帶著，迷惘時拿出來看。

一、隨時要問這科系適合你嗎？

相信我，你選填時充滿想像，進去後才發現是另一個世界。就像有學生告訴我他想當作家，所以要唸中文系。我大驚！中文系的訓練，不是以培養作家出發啊！你去唸了，才發現怎麼都是讀古文，還要研究聲韻訓詁，跟作家根本八竿子打不上關係啊！

進去唸才會知道自己合不合適，真的不合適，記得，趕快轉，別渾渾噩噩地讀完四年，再帶著空虛進入社會。

要記住，**你永遠是有選擇的，關鍵是你有沒有勇氣去執行。**

二、你可以讀二流的大學，但請用一流的態度學習。

考試從來不能定終生，會幫你定終生的，往往是你的同儕。

一流的大學，你會發現同儕都海虐你，所以你不服輸，拚了命的讓自己不被虐。可是，如果你在二流的大學，發現偏安江南、歲月靜好，大家不是揪團翹課、夜衝，就是打LO、玩耍。你認真唸書反而還像個神經病。你不跟他們為伍，他們還說你不合群。請問這時候，你該怎麼辦？

記著，如果你渴望卓越，那就得扛住寂寞。用一流的學習態度要求自己，別因為學校二流，你就跟著屈就了。你努力的意義，是為了決定未來能與誰同行。

三、參與社團追求能力，而非權力。

社團要不要參加？當然要，但請你記住：你是為追求能力而去，而非權力。有人的地方就會有江湖，有江湖就會有恩怨，恩怨不外乎就是跟誰不合。你可以不喜歡別人，但別把社團當做權力遊戲來玩，聯合誰誰誰，排擠誰誰誰，為了拱誰誰誰，去黑誰誰誰。

四年都是片刻，十年後你回頭看，會發現當初勾心鬥角的自己有多可笑。

四、你的時間比你想像的有價值，別賤賣。

你一定迫不及待想打工，我的建議是：嚐鮮可以，淺嘗輒止。

也許你領到一百多的時薪，當下會覺得好多好多，於是你就像看到《魔戒》的咕嚕，把課餘的時間都填滿去打工賺錢。你笑人家書呆只會讀書，不像你賺了錢過上舒服的日子。但畢業後，當初的書呆時薪破千，打工的錢還是時薪一百多。

記住，**誰都可以做得來的工作不見得是好選擇，想賺錢，就要想辦法讓自己無可取代，知識，就是幫你鍍金的最好方法。但它需要長期的累積，聰明人懂得放棄小利，因為他們的眼裡，盡是未來。**

五、好好談場戀愛，找個人來愛。

這很重要，別光讀書但戀愛學分被當。

喜歡一個人是美好的，為她魂不守舍，為他心跳加速；為她製造驚喜，為他精心打扮；為她力拔山兮，為他與天爭勝。你會感受到愛情的美好，但也會明白愛情需要磨合和成長。**為了愛情，你會放下一些堅持，試著做些改變，但不是要**

你事事屈就，而是要你學習如何溝通、如何替對方著想。

最重要的，你們要一起成長，一起看千山萬水、一起聽海風島語。我和另一半就是在大學認識，然後戀愛。那些年，我打系籃，練完球累癱了，課堂上不支倒地，她見搶救無效，就會整理精美筆記，然後幫我惡補急救。

再來，我們還很不怕死的，挑戰騎腳踏車環島，每天跑三千公尺訓練。我還記得，騎到墾丁，腳踏上沙灘的那一剎那，莫名想哭，有人伴你同行，真好。後來，我們一起準備研究所，沒天沒夜的上課讀書，互相問答。最後榜單很漂亮，國文系開始有了神鵰俠侶的傳說。

也許你不見得像我這麼幸運，但你要試著去愛，愛錯，也是一種學習，至少你驗證了不適合你的類型。

絮絮叨叨，就寫到這裡吧！

大學，至今仍是我最懷念的一段日子，那是懷抱夢想，都有可能成真的時光，那是不必為了生存，而委屈自己的歲月，那是你做什麼，都能活成熱血的年代。

願你的大學生活，能仰天長笑，亦能熱淚盈眶。

他遲早一戰成名，但我沒料到這麼早

學測放榜，這幾天校園又熱鬧起來，原來是我們學校的宥嘉，國文滿級分，五科67級分。這在頂尖名校可能稀鬆平常，但對於我們而言卻格外振奮，因為宥嘉和一般人不一樣，他先天肌肉萎縮。

你踏著輕快的腳步到校，他坐著沉重的輪椅前行；你振筆疾書轉筆如風，他寫幾個字就揮汗如雨；你下課可以跑合作社，他下課得先躺下舒緩肌肉。

我是宥嘉的國文老師，但我必須說，他教我的，遠比我教他的還要多上太多。這種感覺很像，霍金的大學教授羅布・惠特曼被問起指導霍金的感想，他是這麼說：「我想我真正的作用，只是監督他學物理的進度。我不能自誇曾經教過他任何東西。」

這是真的，我只負責推坑宥嘉進入人生這場龐大賽局，但練等、攻略幾乎是他自己研究。

他高一時就跑來問我作文，我跟他講解基本概念後，發現言有盡意無窮。於是，我直接送了他一本淇華的《寫作吧！破解創作天才的心智圖》，他連聲說謝謝。一般學生可能把這書當獎品，翻沒幾頁，就拱在書櫃上，但宥嘉竟然把他讀完了。我為什麼知道？因為有次國文課，教到寫作技巧，我引用了淇華書裡的內容，要孩子們舉一反三，只有宥嘉完美回答。

高二時，我讓全班進行「跨域說書」，每個人分配一個領域，自行挑一本書閱讀後，上台說書。宥嘉挑的是《情緒行為操控心理學》，他不僅把書中的內容消化，還延伸自己的觀點，把一場報告變成科普短講。

其實，宥嘉說話很吃力，我們聽宥嘉說話也很費力。但我印象很深刻，那一天，全班屏氣凝神，深怕錯過任何一個心理學的知識。不是基於對宥嘉的同情，而是被有備而來的他，深深吸引。

宥嘉教會我們的第一件事，就是：「我不要同情，我可以靠努力贏得你們的敬重。」

比起大量讓孩子們練大考作文，其實我更喜歡鼓勵孩子們參加各式比賽，原因很簡單，若為應考練寫作，一來破壞胃口，二來練出匠氣。可是**參加各類型的寫作比賽，你會體驗不同風格的寫法，也會發現文字不同的樣貌。**

像是參加「龍顏fun書讀書心得比賽」，你會明白真正好的讀書心得，不是把書中內容原封不動抄上，而是結合你生活的觀察與體悟。參加「文學輕旅行比賽」，你才知道寫作不是只為了拿高分，而是帶更多人一睹你走過的路、看過的景色。參加「兩岸文學寫作比賽」，你終於知道好的寫作不是流水帳，而是把腦內的想法變成畫面，時而串聯、時而跳接，可以是紀錄片、也可以是蒙太奇。

有的比賽我強迫參加、有的我鼓勵報名，但不管那一種，宥嘉都是準時送件的那一個。

機會從來不是留給準備好的人，而是留給主動出擊的那一個。

在國文滿級分之前，他已經榮獲「龍顏fun書獎全國佳作」、「文學輕旅行全國優選」和「兩岸文學獎首獎」。

你說他厲害嗎？厲害，但比起厲害，他教會我們第二件事：「我不要等待，我靠行動贏得命運的喝采。」

最後，我想聊聊宥嘉爸媽。

在考生一片叫苦的「我有一座新冰箱」學測作文，宥嘉反而心中叫好，因為他終於有機會光明正大地用文字，寫下這些年對他父母的感激之情。他說如果有座新冰箱，想把那些父母推著輪椅，風雨無阻帶他上學的身影保鮮起來。

我是在陪老婆產檢時，才知道當產檢報告出爐時，你翻開報告，手是會顫抖的。所以後來，我只要聽聞孩子有先天狀況，心裡都會緊緊一揪，因為我們知道那人生有多難。

可是，很奇怪，我從來沒看過宥嘉父母皺眉，每次遠遠看見他們與宥嘉一同走來，總是臉上帶著笑容，不管天氣如何，他們就是帶來陽光。

印象最深刻的是畢旅，那次行程是后豐鐵馬道，孩子們開心地騎著腳踏車，有的漫遊、有的追逐、有的吹風。宥嘉沒有辦法騎腳踏車，但他仍開著他的代步車慢慢前進，而他爸爸跟在他旁邊，陪著他，慢慢地跑，揮汗如雨，卻甘之如飴。不知道為什麼，那一幕我看了好想哭。

每次開IEP會議，他爸媽做的永遠不是要求，而是感謝，以及希望我們把宥嘉當成一般孩子般對待。所以每次看著他努力的身影，甚至會忘記他的舉步維艱。

在你眼裡，哪有什麼生命鬥士？你早就把他當成一般人。因為那對宥嘉，才是真正的敬重。

宥嘉父母教會我們的第三件事，就是：「我的孩子沒有不一樣，如果有，那也是孩子的努力讓他不一樣。」

這些年，我看過太多學生，早已不相信成績的信度。看了宥嘉這三年，我知道他遲早一戰成名，但沒料到這麼早。

這次是因為成績，但我知道下一次就不是了。因為他會瘦小卻傲岸的背影，向你證明活著的意義！

PART 4

衝刺

保有迎向未來的初心

你知道很多道理，

更該過好這一生

結果，懂感恩的人，拿走了全部

帶學生進行桌遊設計課，第一次使用新落成的綜合教室，採光明亮、多邊型桌、布景可愛。

「好臭！」這是孩子們進門的第一句話，像三重奏般，此起彼落。

等他們坐定，我問他們：「你們知道這是什麼味道嗎？」他們說是油漆味。我接著問：「你們知道這裡原本是幹嘛的嗎？」有人說是生科教室、有人說是儲藏室，總之，就是沒什麼人用過的地方。

「那你們知道為什麼現在，我們能坐在裡面上桌遊課嗎？」他們搖搖頭，彷彿一切都是橫空出世，源流不可考，也沒那麼重要。

我有義務告訴他們綜合教室的由來。

一直以來，我有個困擾，就是我想進行分組教學，但學校沒有合適的分組教室。後來，有次跟校長聊天，提到這件事，校長聽完，告訴我：「沒問題，我來想辦法。」我以為她只是說說。

兩個月後，校長告訴我：「歐陽老師，我們已經弄出兩間分組教室了，歡迎老師們使用。」

我嚇到，因為我以為兌現期至少要兩年，但行政團隊以不科學的高效率，硬是打磨出兩間分組教室，還包括全新桌椅和重新粉刷。

激動萬分啊！馬上準備帶班衝進去使用。結果，一進去，我囧了。

分組教室裡有六張桌子，各六張椅子，最多容納三十六人。而我們班的人數是四十四個人，我必須思考一個重要問題：哪八個人要表演站著上課呢？不過，這也不是學校規劃錯誤，因為大部分的班級都是三十幾個人。只有文組班特別熱門，門庭若市。人滿到一打開教室的門，就會有人流出來那一種。

這下尷尬了，校長費心弄了兩間教室，但對少數班級不合用。後來，畢業旅行時，校長跟我們聊天，問我們分組教室用得怎麼樣。我總不能說：「報告校長，用得很好，學生或站或坐，怡然自樂吧！」

我決定實話實說，告訴校長分組教室無法容納全班，但還是感謝校長和行政團隊的用心。我以為校長會說大家相忍為校、擠一擠將就一下之類的話。

但熟悉的話竟又出現了：「沒問題，我來想辦法。」這是校長的回應。

前幾個禮拜，早上在樓梯間遇到校長。校長告訴我說：「歐陽老師，謝謝你的建議，我們已經把之前的儲藏室，改裝成綜合教室了。裡面有八張多邊桌，各六張椅子。應該符合你的需求。」

哇塞！現在是在玩「模擬城市」嗎？校長，您有求必應啊！我直跟校長說謝謝。故事到這裡，回到新落成的綜合教室。

我告訴孩子們，沒有什麼東西是理所當然的。你吃的、用的、穿的，甚至是現在這間教室，都是很多人在背後的成全。這裡有點油漆味，那是因為大家忙著讓你們使用，趁著假期趕快粉刷裝潢完成的。

你當然可以選擇說好臭，但你心裡就會覺得別人都虧欠你；你的另一個選擇，是抬頭看看這間教室，壁上掛了吉他、三兩盆栽點綴、你再也不用挪動桌椅才能玩桌遊，也不用擔心笑聲過大，引來別班抗議。然後你滿懷感恩，脫口而出：「好棒！」

這世界，向來是懂得感恩的人，拿走了全部。

為什麼呢？因為懂得感恩的人，他們的原則很好捉摸，那就是：「有恩必報，有善必揚。」任誰都想給這種人一個大擁抱啊！因為他能看見你的辛苦、理解你的痛苦、肯定你的吃苦。你再多的苦，遇到懂感恩的人，不是瞬間回甘了嗎？然後，在那個當下，你巴不得再為他做更多、更多……

套一句《追風箏的孩子》裡的話：「為你，千千萬萬遍。」

相反地，你身邊一定有這種人，永遠奉行完美主義，但他的完美主義建立在尖酸苛刻。

請他喝一杯飲料，他說怎麼沒加珍珠；帶他玩一場桌遊，他說為何要我玩糞game；你說林志玲很漂亮，他說那是你沒看到她的雀斑；你說下次一起去墾丁玩好不好，他說你是錢太多要去買滷味嗎？

你有一百種快樂，他就有一百種嫌棄方式，還很有創意地絕不重複。

跟這種人說話，根本自找罪受，他覺得全世界都負了他，包含眼前的你。他比竇娥還冤、比岳飛還慘、比屈原還悶。

每次遇到這種人，我都很想翻白眼，輕聲問他：「你有事嗎？」但我孬，只會笑笑地回：「是喔！」然後趕快遠離他，因為他的暴風等級，是會毀天滅地的那種。

這麼說雖有自誇之嫌，但我身邊有這麼多貴人，其實，都是我感謝得來的。

我去外面上課，感謝講師講得這麼好，感謝課程辦得這麼精采，回去必寫課程心得，後來很多講師提拔我，找我合作。

感謝啊！

我去餐廳吃飯，感謝師傅料理的這麼好，結果師傅總偷偷給我加菜。

感謝啊！

只有家人間的感謝我還在努力著，畢竟熟嘛！有些事講了害羞。但我感謝父母對我的用心栽培，從小陪我練演說，讓我處處是舞台。

感謝啊！

我們都說，感恩是美德，但其實，感恩是很功利的，因為你的一聲讚美、一句感恩，竟然讓你的世界從此予取予求。

這太太太功利了，所以我希望你別感恩，繼續抱怨，這樣我才能理所當然的拿走全部。

四十天，是你和媽媽僅剩的時光。

我把班上孩子弄哭了，原諒我，因為有些事情，其實比考試重要很多很多，畢業前，我想再對他們多說說。

我問孩子們：「請問十八歲前後，最大的差別是什麼？」

有人說，要開始負法定責任；有人說，可以自己決定一切；有人開心的說，終於不用說謊了！嗄？為什麼？「因為進成人網站，終於可以坦蕩蕩選我已成年啊！」……

其實，我心中有個答案。我在學校是老師，但在家中是學生，我的老師是我媽。對，直到現在，她對我仍有教不完事情。

小至生活常規，什麼吃飯要兩隻手、喝湯要用湯匙；大至……咦？有大嗎？最大不過要我注意家裡瓦斯、還有時不時傳來的危安新聞。

有次，她聽了我的得獎感言影片，說我不該在演講中直呼校長的全名。那篇感言，其實我是非常滿意的，被她這麼一挑，頓時間不太開心。我之所以會提全名，是因為我希望讓大家知道是誰，而不是只有一個空泛的稱呼。

我已經過了和父母鬥嘴的年紀了，頂多就是不太說話、悶悶不樂。媽就是這樣，在你得意的時候，她會提一桶冷水澆醒你，但其實是她放不下，希望你更好。

隔天，我媽跟我說，家裡有煮飯，要我每個禮拜回家吃飯。我猶豫了一下，一來，我怕她忙，辛苦；二來，我怕自己又哪裡沒做好，挨唸。後來，我看到一篇文章，大意是要你算一筆親情存摺，推算你和媽媽剩多久的相處時間。

「這有啥好算，至少二十年吧！」我暗忖。但好奇使然，我就索性提筆算了一下，越算，我的眼眶越紅。四十天，是我和媽僅剩的相處時間。

怎麼算的呢？我一個禮拜回舊家一次，一次一小時左右，一個月就四小時，一年總共四十八小時，共二天。那二十年合計下來只有四十天。

「孩子們，你跟家人吵吵鬧鬧的時間，其實遠比你想像的還要短暫。」我說。

孩子們瞬間靜默了，在那之前，他們以為離別是很久以後的事。

「我放首歌給你們聽吧！」說著，我按下播放，出來的是〈時間都去哪了〉這首歌，畫面是母親養育孩子長大的剪影。

時間都去哪了？還沒好好感受年輕就老了，生兒養女一輩子，滿腦子都是孩子哭了、笑了。

很多人聽著、看著、紅了眼眶。

「你們知道嗎？對我而言，十八歲最大的改變在於，你開始明白，世間上沒有什麼是理所當然的。」

媽媽養你是理所當然的嗎？十八歲之前是，十八歲之後呢？你應該意識到該靠自己，但還是跟父母拿了大學學費和生活費。

媽媽在你身邊是理所當然的嗎？十八歲之前是，十八歲之後呢？離家在外，你開始發現聚少離多，一開始你很爽，但後來你很慌。

直到有天，你朋友的母親過世了，你安慰她的同時，發現沒有所謂的永遠。

當你認為理所當然，你永遠都覺得別人在虧欠你；但**當你發現沒有什麼是理所當然，你會開始去珍惜、去感恩，那才是真正的成熟，也才夠格得到真正豐富的人生。**

「你有多久沒寫張卡片給媽媽了？上一次寫是在國小吧！那為什麼後來不寫了？因為彆扭？不自在？還是以為還有以後？」我繼續對孩子們說。

「真正的十八歲，不是用買一台摩托車來證明，而是真心寫一張卡片謝謝媽媽，並告訴她，你準備好為自己的人生負責了。」

我拿出四十四張卡片，那是我昨天特地去買的，一人一張，我們一起寫母親節卡片，背景音樂是〈時間都去哪了〉。寫著寫著，宥晴哭了出來。

好多回憶湧上了她的心頭，好像昨日才發生，卻一溜煙的快轉到明天。在時間面前，我們都無力留住什麼，只能盡可能的記住些什麼。

我知道他們要指考了，心會慌。但是你知道嗎？**一個人只要心有柔軟的地方，就會無比剛強。**

因為他知道不管如何，都有愛他的人會守護著自己，前提是，我們要學會如何察覺愛。

十八歲，我們用一張母親節卡片，當做自己的成年禮，但願你們的人生永遠豐盈。

致女人：你們都是鬥戰勝佛

三八婦女節，我特別有感，因為我有個分身，只是換了個性別。每當我攻下一座山頭，總會想起她，如果她是個男人，或許就能跟我並肩而坐，賞雲海、觀群峰。

她叫佳吟，算是我的學姊。

最初，我們在桌遊工作坊認識，那時，我們都還是學員，對桌遊的心很赤忱。不過當時，我們不太認識。直到課程結束後，講師皓甯辦了一場桌遊讀書會，希望延續大家對桌遊的熱情。

我立馬答應加入，當天，我很興奮，想著萬一桌遊讀書會人爆滿怎辦？所以我早早出發，搶個好位置。結果，讀書會只來了兩個人，一個是我，一個是佳吟。也就是在那時，認識同樣跟我一樣對桌遊狂熱的她。

幾年後，我參加中廣演說家擂台賽，打進了最後決賽。

佳吟在線上敲我，說她買了門票，要來為我加油。我很感動，因為坦白說，當時我們不過兩面之緣，她竟然願意特別花錢買票進場，為我加油。比完後，她直跟我說恭喜，我愣住，比賽還沒結束，只是中場休息啊！

我以為她在恭喜我終於解脫，但不是，她恭喜我準備奪冠。做完冠軍預測後，她就帥氣的回家了，連下半場都沒看。

她是我看過最帥氣地預言家，鐵口直斷，而且準！還真被她說中，我拿下演說家擂台賽冠軍。再隔一年，我出書了，跟榮哲合寫了「桌遊課」，出版社幫我們辦新書發表會。

不過，或許是地點較遠，也或許是我知名度不夠，來的人不多，大多數是我現場吆喝來的。人群中，我看見熟悉的老面孔，是佳吟，她是唯一一個，特別因為我而來的。

內心激動啊！

後來，我受邀擔任桌遊工作坊的講師。佳吟來報名上課，那天，她是全場最忙的學員，因為她帶了她的孩子來上課，幾個月大。課間，其他學員玩得正嗨，她的孩子哭了，她得放下手邊的遊戲，趕快到外面安撫她的孩子。

中午吃飯，她沒辦法跟學員談天說笑，只能默默帶著孩子到中庭，拿出準備好的食物，一口一口餵孩子，先讓孩子填飽肚子，而自己的便當原封不動。

佳吟直跟我說不好意思，說孩子實在待不住，只好忍痛放棄下午的課。我說沒關係，先保留吧！改天你再來補上下午的課就好。於是我看著她推著娃娃車，帶孩子離開的背影。不知道為什麼，那刻我特別地鼻酸。

很多人說我上進、肯拚，所以成功。

在以前，我會臭不要臉的概括全收；但認識佳吟後，我發現，我之所以能得到拚搏的空間，不過就只是因為：我是男人。

三十歲，男人叫三十而立，女人叫初老警報。我們事業正要起飛，女人被提醒再不生孩子不行。

四十歲，男人叫不惑之年，女人叫徐娘半老。我們有事業的被說上進，沒事業的也還稱踏實；但孩子卻是女人事業的全部，他們沒得選。

更別說往後的人生了，直到孩子大了，女人們終於喘一口氣，但心也累了，夢想也老了。

前陣子，在佳吟的臉書上，她特別提起了我。其中，有句話我特別有感：

「不知道為什麼，凡是歐陽在做的事，總覺得很好玩，我也忍不住跟去看看。」

我想，她幾乎參與了我每場活動，除了給我支持外，更重要的，其實也是想像著，我在圓她的夢。她很拚，只是正在寫論文時，懷孕了；而我那時全家供應我留職停薪寫論文。

她很拚，弄了一個超猛的學校桌遊企劃給我看，只是後來孩子出生了，忙著照顧孩子，後來不知道企劃如何了。她很拚，抱著孩子到處聽課學習，只是當她要追逐夢想時，在夢想之前，孩子要先照料好。孩子的熟成期比夢想更長。

我想起了我媽，她是國中老師，在學校教別人的孩子，回到家教自己的孩子。忙著投資孩子們，對自己卻這麼吝嗇。因為她是女人，又是母親，全天底下最無私卻又最傻的人啊！

「夢想」這檔事，根本只是像我這種無後顧之憂的男人在喊的。

我看著身邊的女同事，上班前要先送孩子上學，下了班要趕緊回家張羅晚飯。家庭和職場，就已經預約了她們的這輩子。關於夢想什麼的，最快已經是下輩子的事了。

女人啊！其實，在我眼裡，**你們是最強大的鬥戰勝佛，與天拚、與命爭、與運戰。戰勝的，贏得自己的人生；戰敗的，卻也成就了孩子的人生。**再也沒有什麼比這更偉大的了。

有時候，我們得靠輸，來贏。

其實，過年很無聊，領完紅包後，就更無聊了。所以，我媽總是努力找樂子，讓我不會成天把無聊掛在嘴邊。

是的，那時我還小，沒能體會過年團圓的真諦，只懂用好不好玩來註解年節。還記得，小時候過年，只要聽到房間傳來鏗鏗鏘鏘的聲音，我們就興奮得不得了，因為媽在數零錢了。她總是拿著一桶零錢走出來，笑眯眯地對我們說：

「孩子們，來玩十八仔囉！」

「喔耶！」我們兄妹最期待這一刻，連忙拿出壓歲錢，換成一堆零錢，準備進場，進我媽開的佛心賭場。我們玩的是最簡單的規則，一到六點，自行下注，最少十塊，最多三十塊。

我媽做莊家，一次擲三顆骰子。擲到你有押注的骰點，莊家賠給你；但如果你押注的骰點沒開出來，那你的錢就歸莊家所有。

「十八仔！下好離手。」媽是老師，但當起莊家竟有模有樣。

我是分散風險型，最愛同時押四點和六點。我妹是集中火力型，最愛一口氣押在某一點。骰已擲出，落在碗上，鏗鏗鏘鏘，又跳又轉，我們屏息以待。幾家歡樂幾家愁，永遠是賭場不變的鐵律。

只是，愁的常是我妹。我妹賭運極差，押哪賠哪，到後來我索性跟她反著押，果然賺！

為什麼說我媽是開佛心賭場呢？因為我妹輸到本金都沒了，就會發脾氣，最後乾脆打劫賭場，把莊家整桶零錢抱走。當然還不忘找我一起分贓。我媽總是笑呵呵。她絕對不適合開賭場，因為她作莊壓根兒就是來輸的，賠給兒女開心。

後來，我們都成家了，聚少離多。突然，過年我不再喊無聊了，因為這是僅存可以和家人共度的時光。沒有好不好玩，只有團不團圓。

兒女長大了，媽退休了，同時也卸下康樂股長的職位，她當了二十年了，要我接手。換我打點過年的餘興節目，我發現，要讓大家開心，比讓自己開心難得太多。

比方說，要租一部電影，不是你自己想看就好。你要先考慮每個人的電影認知，我爸愛看有打鬥的、我媽愛看有談戀愛的，然後他們無法接受科幻、懸疑、時空穿越。

我在租片店一挑就是一個小時，去年選了《金牌特務》，今年挑了《會計師》。雖然，我想看的是《敦克爾克大撤退》。大家開心更重要，是吧！

「兒子，晚上來帶我們玩『遇見小說』啊！」

「喔喔喔！好啊！沒問題。」

我媽沒玩桌遊的習慣，但她知道我的新桌遊出版了，要我帶他們玩。老實說，蠻緊張的。我對外都會說這遊戲有多好玩，但跟爸媽玩，卻擔心他們覺得不好玩。以前，我有說好無聊的權利，但現在，這權利歸他們所有。

「這遊戲叫『遇見小說』，裡面有十部經典小說，五十四個代表人物。大家要想辦法把整部小說的人物蒐集完。」我開始跟爸媽介紹遊戲規則，時不時觀察他們是否露出困惑的表情。

嗯嗯，看起來應該是困惑滿點，但玩了就會迎刃而解。

「聶小倩是哪部小說裡的啊？」我媽問。

「《聊齋誌異》啦！」我爸文學底子好。

不過，我媽在問的同時，也暴露了自己的手牌，我只好裝不知道。媽年紀大了，有點老花，每張牌都要拿得好近好近才看得清楚，即使如此，她仍努力把每張牌讀得仔細。

這遊戲需要觀察和推理，還要有點記性。我本擔心媽年紀大了，記性衰退，因為她常常同樣的故事跟我說了三遍。

「兒子，給我孫悟空！」

「老爸，給我如來佛！」

「葳葳，給我豬八戒！」

「嘉芸，唐三藏在你那吧！」

連消帶打，媽一口氣搶了四張牌，《西遊記》瞬間完成，我們被搶到都開始懷疑人生了。原來，我多慮了，媽沒老，記性還好得不得了。

最後，我爸媽贏了，我沒放水，但輸到脫褲。

「好玩好玩！再來一場！」我媽笑得像個孩子，直嚷再玩一次。

後來，我帶他們玩了另一款桌遊「多米諾王國」。玩完後，我媽只是反覆地說：「我覺得你們的『遇見小說』比較好玩。」不管媽是說真的，還是說激勵的，我都信了，而且激動萬分。

小時候，是媽帶我們玩遊戲；長大後，換我帶媽玩自己的遊戲。桌遊界有句話說：「贏了就是好遊戲。」但**人生有時候，我們得靠輸來贏得快樂。尤其，是跟你最親愛的人玩。**

我終於明白，為什麼我媽堅持當穩賠不賺的佛心莊家，因為她寧可輸，也要讓兒女開心，兒女開心，她就贏得了快樂。

就像是此刻，我跟爸媽玩「遇見小說」，輸得慘烈，但我卻開心的不得了。因為看著，原先一直說自己不會玩桌遊的爸媽最後大殺四方，完成一套又一套的小說。我輸了遊戲，卻也贏了快樂。

現實人生中，我們用盡全力爭當贏家。但是在親人面前，如果你開始心甘情願做一回輸家。我想，那你就真的懂愛了。

慢慢來，比較快！

「欸！走啦！還等什麼？」Ever一衝進辦公室就丟下這麼一句。

「什麼等什麼？」我總得搞個清楚。

「去丟投籃機啊！」Ever說。

這學期我們學校買進兩台投籃機，讓老師可以紓壓放鬆。認識我的人都知道，我很愛打籃球，籃球是我的天命。不過，我卻不怎麼愛玩投籃機。因為它完全沒有和對手交鋒的刺激感，只是自顧自地，面對籃框和倒數。但盛情難卻，我還是和同事們去玩了。

很久沒玩投籃機了，一站上去，我的策略就是零秒出手，投越快越好。於是，計時一開始，我馬上就拿球猛投，反正距離近，怎麼砸總能瞄中幾顆。

但投著投著，我發現不太對勁，因為出手快，沒進的球都亂噴，導致我下一球為了閃開亂噴的球，刻意調高出手點，結果還是沒進。沒進的球在邊框打轉，我下一顆又急著出去了，結果打到沒進的球，最後兩顆一起彈開。

我追求速度，一秒投一顆，但是，五秒才進一顆。分數出來：一二七分。game over！無緣晉級第三關。

接著，換Ever上場了，他是兩台投籃機的紀錄保持人，電子版高懸著七一四分，我們稱之為「Ever障礙」。據說，他天天苦練，不斷把Ever障礙向前推進。

Ever開始投籃了，一球接著一球，咻！咻！咻！球不斷破網，彈無虛發。伴隨著大家的驚呼聲，他又成功的再次推進Ever障礙：七二四分，根本是為投籃機而生的男人！

不過，我觀察到一件事，就是Ever的出手沒有我快，但是命中率極高。他重複著一個優雅的節奏，拿球、出手、遞球、球進、再出手……

原來如此！我突然懂了。投籃機的重點不在快，而在準，不在瞬間爆發，而在維持節奏。

「欸，走啦！還等什麼？」隔天，這句熟悉的話又出現了，不過這次說話的是我。我揪了其他老師聯手挑戰Ever的聖域。

再度站上投籃機，我深吸一口氣，回想投籃節奏。Ready，Go！比賽開始。

我先是用左手把球引上右手，像是《少林足球》裡，趙薇用太極拳引導球勁一樣。接著，右手順勢將球推出，手腕微微下壓，帶一點旋。唰！球進，空心入網。左手從沒閒著，前一顆球還在空中，接著就要井然有序地，將下一顆球輸送到右手。

像是福特的汽車生產線，不慌不亂，專注引球。唰！唰！唰！球像是訓練有素的馬戲團演員，一個接一個穿過火圈，然後依序排隊回到球道。「就是這種感覺！」我心裡激動著。

比起之前我的出手速度變慢了，但命中率卻大幅提高，節奏更是流暢。

我一路破到第五關，最終得分是六一二分。雖然離Ever障礙還有很大的差距，但分數足足是上一次的五倍。

大家人都很好，紛紛為我喝采，說我進步神速。其實，祕訣就是：慢慢來，比較快。

我突然理解到一件事，**如果籃球是跟對手對尬的競技，那麼投籃機就是與自己對弈的修煉。你必須心如止水，讓每一顆球各安其所，不急、不躁，讓一切按著你專屬的節奏走。**

人生也是如此，很多時候，我們一口氣追求很多事，生命像是投籃機的時間倒

數，一開始就回不了頭，所以我們緊張的趕緊出手，這個也做、那個也弄，汲汲營營。

有些唰地一聲，球進破網；但更多是筐地一聲，打鐵彈出。於是我們更急了，加速投籃、猛力追求，但沒進的球像是會傳染一樣，球打鐵彈出的聲音，串連起來，簡直就是一首聖誕歌了，叮叮噹，叮叮噹……

其實人生很多時候，慢慢走，比較快。

我想起前陣子有首爆紅的詩，詩名是〈每個人都有有自己的時區〉（*You are in your time zone*），他是這麼寫的：

紐約時間比加州時間早三個小時，
New York is 3 hours ahead of California,

但加州時間並沒有變慢。
but it does not make California slow.

有人二十二歲就畢業了，

Someone graduated at the age of 22,

但等了五年才找到穩定的工作！

but waited 5 years before securing a good job!

有人二十五歲就當上CEO，

Someone became a CEO at 25,

卻在五十歲去世。

and died at 50.

也有人遲到五十歲才當上CEO，

While another became a CEO at 50,

然後活到九十歲。

and lived to 90 years.

有人單身，

Someone is still single,

同時也有人已婚。

while someone else got married.

歐巴馬五十五歲就退休，

Obama retires at 55,

川普七十歲才開始當總統。

but Trump starts at 70.

世上每個人本來就有自己的時區。

Absolutely everyone in this world works based on their Time Zone.

身邊有些人看似走在你前面，

People around you might seem to go ahead of you,

也有人看似走在你後面。
some might seem to be behind you.

但其實每個人在自己的時區有自己的步程。
But everyone is running their own RACE, in their own TIME.

不用嫉妒或嘲笑他們。
Don't envy them or mock them.

他們都在自己的時區裡，你也是！
They are in their TIME ZONE, and you are in yours!

生命就是等待正確的行動時機。
Life is about waiting for the right moment to act.

所以，放輕鬆。
So, RELAX.

你沒有落後。

You're not LATE.

你沒有領先。

You're not EARLY.

在你自己的時區裡，一切都會準時。

You are very much ON TIME, *and in your* TIME ZONE.

是的，每個人都有自己的時區，每個人也各有自己的戰場。站穩腳步，專注當下，因為，人生就如投籃機，慢慢來，比較快。

電玩小子是不逢時？還是走錯路？

我曾看過一則新聞報導，標題是這麼下的：「世界電玩冠軍，十一年後變送貨員，求收入穩定。」

在二〇〇一年時，電玩小子曾政承在電玩「世紀帝國」中，擊敗韓國選手林耀煥，成為世界冠軍，風光一時。而十一年後，曾政承以送貨員為職業，電玩只是他人生的一抹輝煌。

好的，看到這則新聞，我在想很多人又開始準備勸世了。「你看，愛打電玩，以後沒出路。」當然，這個世界觀不能說錯，只是稍嫌窄了點。

如果我再告訴你一件事，當時被曾政承打敗的林耀煥，回國後受到政府大力栽培，媒體把他塑造為電競明星，不僅保送大學，還得到百萬代言與合約。

這時，你的想法又是什麼呢？是不是跟剛才不大一樣了？

所以，**我們在看一件事，就像在拼拼圖，一片一片拼成這世界的樣貌。但妙也妙在這裡，你不會知道什麼時候拼完。但是如果倉促撤手，以管窺天，就非常可惜了。**

究竟，曾政承是不逢時，還是走錯路？我們不妨這樣看。

其實，選手在電競場上較勁，背後，也是國家之間的謀略較勁。什麼意思呢？林耀煥剛好趕上韓國電競起飛的時代。一九九七年亞洲金融風暴後，韓國受制於土地資源有限，加上屬於仰賴型經濟模式，因此損失慘重。於是韓國心想，有沒有什麼產業不會受制於資源和土地呢？於是他們把點子動到了「影視」

與「電競」。

二〇〇一年剛好是韓國電競發展的成長期。像在玩一場「世紀帝國」一樣，韓國先是大規模發展網路的基礎建設，刺激大量網咖的出現。這時屬於「封建時期」，扎穩腳步。

接著，韓國政府成立電競協會，於二〇〇五年，在首爾建造了第一個電競館。並且透過電視台進行賽事直播。這就像是打造一座羅馬競技場一樣，風起首爾，全城為之瘋狂。這是「城堡時期」，騎士傾巢而出，而其他國度仍處於封建時期。

最後，韓國把選手從電玩宅，變成為國出征的運動員與電競明星。除了有系統地「刻意練習」，他們還為選手進行素養教育。像是電競反舞弊教育、退役後的生涯規劃等。

使得電競選手不僅是民族英雄，還有著健康良好的品牌形象。這是「帝王時期」，投石機架起，衝撞車並出，遊俠肆虐，韓國電競橫掃全球。

時代是創造出來的，當然，你可以說怎麼人家政府做得到，我們政府在幹嘛？我只能說，雙方決策一訂，就回不了頭，韓國選了一條出人意料的路，有風險，但他們硬是把這場秀撐了起來。最後人家贏得了票房。

如果你是老師，學生跟你說他想當電競選手，你會怎麼回應？

學生畢竟是別人的孩子，那換個問法好了，如果是你自己的孩子呢？基本上，這很難回，因為「玩物喪志」和「玩物得志」，只在於一線之隔。

我的看法是，**尊重每個時代的新物種，但是我們有義務復盤給他看。新物種指每個時代都有新行業誕生，電競選手、直播主、youtuber，就是這時代的新物種。復盤指的是要把所有的可能和風險，擺在他的面前，然後尊重他的選擇。**

電競選手看似風光，但風險在哪呢？

一、你要做好「換幕準備」。

電競雖是運動賽事一種，但他不像籃球、足球一樣根深蒂固。為什麼呢？因為只要主流遊戲一換，你的舞台就結束了。曾政承擅長的「世紀帝國」，屬於即時戰略遊戲，玩家同時操作上百個單位軍隊，調兵遣將，運籌帷幄。好看，但是上手難度高。

後來，同樣是即時戰略的「魔獸爭霸」，因為開放玩家修改地圖和創造玩法，竟然發展出「塔防遊戲」，玩家只需要控制一個角色，雙方五打五，看誰能率先破對方的兵營。就是你現在看到的「LOL」和「傳說對決」。

即時戰略遊戲沒落了，卻迎來塔防遊戲的時代。你說，這些末代武士該怎麼辦？

二、「玩興趣」和「玩真的」是不一樣的。

你愛打籃球，但你熬得過球隊的訓練嗎？同樣地，你愛打電玩，但你做好被狂操的準備嗎？韓國電競選手每天訓練十二個小時，還不包括戰術會議和額外加練的時間。

高壓以及長時間的訓練下來，造成不少「運動傷害」，韓國選手李永浩手臂有一道長疤，是因為他肌肉受傷進行手術而留下的。因此，這行業的選手生命短暫，你做好絢如春花的準備了嗎？

身為世界帝國的重度玩家，我永遠記得曾政承奪冠的那一年。他沒來得及遇上電競的榮景，你可以說他生不逢時；他鑽研「世紀帝國」的終極之道，你可以說他誤了青春。

然而，對我而言，那都不是最重要的，重點是**為了「輝煌瞬間」，你願意付出多少代價？個人在時代中顯得渺小，也許時代辜負了你，但若能轟轟烈烈活出一瞬盛世，那也算值得了。**

當然，新物種的崛起，可以預見的是，我們終將等到大時代的來臨。

先問個很現實的問題，如果你朋友去你公司應徵，他能力很強，比你還強，老闆問你，他是怎麼樣的一個人？你會推心置腹，還是……？

格局，決定成就！

如果你有那麼一點點猶豫，代表你開始理解人性了。

正常的狀況是，他是我朋友，能力又好，當然要把他推薦給公司啊！但別忘了人性是複雜的，交情，是你們學生時代的事，進了職場，又是另外一回事。

萬一我把他推薦給公司，他能力比我好，老闆重用他，那我怎麼辦？於是，你的不安，召喚你內心的陰暗面。到底該怎麼做才好？不急，我給你講兩個人，聽完之後你再決定怎麼做就好。

第一個人叫李斯，李斯這個人非常有企圖心，據說當他只是個小官的時候，有次看見廁所裡的老鼠，又髒又臭，又看見倉庫裡的老鼠，吃飽喝足，自由自在。於是，他告訴自己，人要不斷往上爬。於是，他離楚入秦，他見識遠、能力強，竟然一路當到宰相的位置。這本來該是個勵志故事，直到韓非的出現。

韓非和李斯是同窗之情，兩人都是荀子的得意門生。李斯入秦發展順利，而韓非則跌跌撞撞，後來，秦王有次讀到韓非的文章，大為驚豔，立刻將韓非延攬入國。此時，李斯面對兩難局面，要褒？要貶？結果他想出第三種選擇：

要殺！

「怎麼能讓比我厲害的人取代我呢？我說什麼也不要做廁所裡的那隻老鼠。」這是李斯的內心話。

所以他告訴告訴秦王：韓非心念韓國，懷有二心。

秦王一氣之下把韓非關入大牢，最後李斯一不做、二不休，派人送毒藥進去，韓非飲毒而死。李斯從此高枕無憂。但故事還沒完，後來趙高聯合李斯拱胡亥即位，害死太子扶蘇。最後李斯卻被趙高給賣了，趙高向胡亥誣陷李斯謀反，李斯被判腰斬於咸陽，還被滅三族。

這是李斯的結局。

第二個人叫做百里奚，他本來在虞國當官，後來晉國把虞國滅了，他被押送至秦國當伴手禮，半路上他跑掉了，一路狂奔到楚國，結果又被楚國給抓起來。

當時秦穆公耳聞百里奚的賢能，決定要把百里奚贖過來，但若開價太高，就會讓人懷疑他是寶。所以，秦穆公只用五張牛皮贖回百里奚。這就是百里奚後來被稱為「五羖大夫」的原因。不過，這不是重點。

百里奚一到秦國，秦穆公趕緊奉為上賓，當時，百里奚已經七十歲。你猜，他給秦王的第一個建議是什麼？百里奚說：「說起才能，我比不上我的朋友蹇叔。大王您趕快把他延攬進來。」

什麼？位子都還沒坐穩，就先推薦比自己還要優秀的人。百里奚腦子壞了嗎？秦穆公從善如流，趕緊把蹇叔請來。最後，百里奚和蹇叔成了秦穆公最得力的左右手。也奠定了大秦帝國的基業。

好，我們回到百里奚腦袋有沒有壞掉的問題。百里奚在想什麼？

很簡單，百里奚在秦國這家新公司，人生地不熟，權力基礎不穩，若把好朋友帶進來，不是可以互相支援，成就大事嗎？再來，**你的才能並不會因為推薦強者而黯淡。相反地，會更亮。因為你多了識人之明以及雍容大度。**

看看李斯，想想百里奚，他們的能力旗鼓相當，但光憑一點就定了兩人高下，兩個字，叫「格局」。格局，決定你的成就。

當初的問題，現在有解了吧！

連股神都受用的棒球之道。

若問你巴菲特的啟蒙者是誰？對投資有一點研究的，一定能馬上回答：蒙格查理。沒錯，但只對了一半，那另一半呢？答案在巴菲特辦公室的海報上。

許多人走進巴菲特的辦公室，都想趁機好好觀察股神投資的祕密，但都被辦公室那張海報給吸引住了。海報上有什麼呢？就一個準備揮棒的棒球選手，旁邊是一個長方矩陣，矩陣內滿滿的圓形，各有一個數字。

你可別小看這個棒球選手，他可是史上最偉大的打者：泰德•威廉斯。他生涯最高打擊率是四成，十七次入選全明星賽，並在一九六六年入選棒球名人堂，用傳奇兩個字形容他完全不為過。

大家很好奇他怎麼維持超高打擊率，這個問題後來在《擊打的科學》裡，泰德給了答案。

答案就是：「只打甜蜜區裡的球。」

泰德將打擊區分成七十七個圓形，每個圓形代表球投進的位置，然後他設定一塊甜蜜區，只有當對手把球投進甜蜜區時，他才猛力揮棒。球就如他預期的，飛了出去，穿越對手防線，落地。

當球沒進甜蜜區，不管這球多軟、多甜，泰德絕不揮棒！哪怕場邊觀眾激動大喊：「打啊！為什麼不打。」「搞什麼東西，這球我阿嬤都打得到。」

泰德都不搭理，只是冷靜地等著投手的下一顆球，落進他的甜蜜陷阱裡。

那到底泰德故事和股神有什麼關係？別急，我們繼續看下去。巴菲特看著泰德的打擊甜蜜區，突然有了個「啊哈」！

他瞭解到一件事，投資和棒球是一樣的，機會和好球一樣多，但難就難在，你必須挑出真正的「高價值區」。所以，你必須「專注」。巴菲特在他的紀錄片裡說：「我能看見一千多家公司，但是我沒有必要每個都看，甚至連五十個都沒必要。我可以主動選擇自己想要打的球。」

這就是贏家的思維模式，專注於攻擊誤闖甜蜜區的球。

也許你會說，那有什麼難的，反正就是找到自己的優勢嘛！

是，理性來講是這樣沒錯，但當你身邊都是「鼓噪球迷」和「鍵盤教練」時，情況就沒那麼單純了。自我放大、社會期待、普遍認知、親友建議，就是這群球迷和教練。

先說我自己的故事，我高中唸成功高中，一升二時要決定唸哪個類組，跟父母討論一陣，最後決定唸三類組。因為三類唸的科目包山包海，將來選科系，進可攻理科，退可守文組，攻防一體，多好。我就這樣西哩呼嚕去唸了。

可每次上課我都覺得很奇怪，為什麼物理、化學老師聲音那麼小？而且還是越來越小聲，根本靜音。哇哩咧，原來不是他們聲音小，是我每堂課都聽到睡著。

當然，成績一定慘不忍睹。

後來我的導師許玉華老師，她觀察到一件事，就是我在班會課時特別活躍。班會課不都會有個討論主題嗎？通常主題都不是很有趣，所以大家都馬是一片靜默。然而玉華老師發現，不管再無聊的主題，我都有辦法站起來講出個故事和道理，原本趴下去的同學還醒過來聽，而且聽得津津有味。

於是導師把我找了過去，告訴我：「歐陽，你是表達的天才，但你走錯了路啊！你應該轉去一類，那裡才是你的天空。」

你猜猜，我答應了沒有？沒門！

我那時唸成功，資質可好的咧！對於成績差，我的理解是：「只是我不唸，要是我認真起來，連我自己都會怕啊！」你看，這就是「柯景騰誤區」。好面子、自以為、搞不清楚甜蜜區在哪。

後來玉華老師很有耐心的說服我爸媽，我爸媽也鼓勵我，好好到一類專攻所長。最後，我才心不甘情不願的轉去了。這一去，海闊天空，天朗氣清。於是成就了現在的我。

直到現在，我都很感念這位老師，她找到我的打擊甜蜜區，拯救了亂揮大棒，頻被三振的我。

為什麼我們總錯過甜蜜區呢？

第一，因為把甜蜜區放太大。想要一把抓，以為能hold住全場，但最後，留不住，卻又捨不棄。**第二，聽不進或是逃不開。**像我的案例就是聽不進，覺得自己行，是別人小看了我。

但另一種就是承受別人期許，比方你的專長是文學，但他們說會喝西北風，硬要你去唸商學，所以你得有逃離束縛的勇氣。想想泰德，看看巴菲特，找找自己，你的甜蜜區在哪呢？

飛過來的好球很多：「穩定」直球、「跟風」曲球、「期待」滑球……但請你仔細聽聽自己的心，去做，你快樂嗎？不做，你後悔嗎？

球就要飛進來了，看準球，大棒一揮！讓球在天上飛一會兒，讓那些鼓噪球迷和鍵盤教練，安靜一會兒吧！

那包在紙中豐盈的愛！

開學前一晚，我去了醫院，媽說，外婆病情惡化，隨時都會離開，要我們趕快去看外婆最後一面，距離我上次看外婆，已是三年前了。

醫院裡，刺鼻的藥水味，伴隨病痛的哀號聲，大家心情都很沉重。來到外婆的病床前，看到外婆那瞬間，眼眶就紅了，眼淚一直在眼睛中打轉，我努力仰著頭不讓它掉下來。

在我的腦海裡，外婆雖然瘦小，但健康的不得了，據媽說，她不怎麼生病，冬天也只穿著一兩件長袖。但在病床上的外婆，瘦到像是「飢餓的蘇丹」那個孩子，禿鷹在不遠處等待，而死神在禿鷹之前。

外婆的牙掉光了，醫院用營養液讓外婆維持生命，媽說，這幾天外婆連飯也沒吃了。在病床上的她，每一口氣都是如此費力，像是魚鼓著乾癟的腮幫子，撐著等兒女們趕來。

外婆就在我眼前，突然，兒時的回憶不斷湧上心頭。小時候，一聽到媽要帶我們去外婆家，總是開心的不得了。外公看起來比較兇，我們都有點怕他；但外婆慈祥的不得了，還有一手好廚藝。有時是客家菜包、有時是素肉湯、我們去幾次，她就能變出幾種菜色。

印象最深刻的，每當我們要回家了，我外婆都會急急忙忙衝出來，拿著一團衛生紙往我們手裡塞。好奇打開，裡面包的是小餅乾、巧克力球、或者小糖果，有時，裡面包的是百元鈔，給我們當零用錢。

媽要外婆省著自己用，但外婆還是硬把衛生紙塞進我們的手裡。她像是來這世界布施的，永遠都是不斷往外給，我常好奇她有留給自己什麼嗎？長大後，就很少見到外婆了，課業忙、再來工作忙、又是事業忙，反正為了自己，我們總有千百個理由調整序位，外婆還在，總會找到時間去看她的，誰知，找到的都是理由。

三年前，媽說外婆失智了，住在舅舅家，變得像孩子一樣，甚至，她連子女都記不太得了。我突然想起一個經典的微小說：「每天，我都向媽媽重新介紹自己。」就是這樣的感覺。

那時看到外婆，她身體依舊不錯，只是把我們的名字，全部排列組合了一次，我們噗哧的笑了出來，覺得可愛。她忘了我們的名字，但她的潛意識卻沒忘，那天外婆切了西瓜，她自己沒吃，但卻一直叉了西瓜，就往我和妹手裡送。我嘴裡一塊、右手拿一塊，而外婆又叉了一塊放到我左手，我變得像是吃西瓜生產線，妹和我又笑了。

因為那種感覺，像回到小時候，外婆用衛生紙包著驚喜，不斷往我們手裡塞一樣。即便我們都長大了，糖果、餅乾、西瓜已不再是奢侈品，我們吃得起，但仍享受著這份滿出來的愛。而那也是最後一次看著外婆笑了。

後來，我再沒回去看外婆了，媽體諒我忙，不好意思找我去，所以她自己去，或帶著妹一起去。沒想到，開學前一晚，是我最後一次見到外婆，外婆還有意識，但已經無法回應了。

阿姨說，雖然外婆無法回應，但她其實聽得到，心裡也知道。所以阿姨一直在外婆耳邊說話，告訴她我們都來看她了，要外婆放心。

外婆竟然流下了眼淚，她真的知道、真的知道……因為隔天要上班，爸要我們先回家，我跟媽說，我也想再跟外婆說說話。我錯過了太多太多年了。

我湊近外婆耳邊，跟她說：「外婆，我是立中，我們全家來看您了。對不起，這些年忙到都一直沒來看您，我還記得，小時候您一直很照顧我，總是塞了滿滿的餅乾糖果過給我。謝謝您這麼愛我們，我們過得很好，外婆，您就好好休息吧！您辛苦了。」我以為自己藏的很好了，但回家後另一半說看到我眼淚一直掉。

早上，媽傳訊息來，說外婆已經安詳的離開人世，謝謝我昨天趕來，還跟外婆說話，她說外婆很開心。遺憾的是，對親人的感謝，我們往往拖到最後一刻才說，甚至來不及說。那個輕快的童年，那雙乾瘦的手，卻在紙裡包著豐盈的愛給我們。

外婆，我好想您，願您在天國一切都好。

世界若冷，用善良來暖

一如往常的校園早晨，辦公室突然一陣騷動，原來有張照片在網路上瘋傳。照片是一位老先生倒在地上，血流如注，旁邊一位學生，連忙扶著老先生的頭部，並用外套幫忙止血。

一旁的民眾看到這位學生善行義舉，連忙拍照上傳到網路，引發一陣迴響。之所以引起辦公室騷動，是因為他是我們學校丹鳳高中的學生。再定睛一看，那熟悉的捲髮，竟然是我班上的學生子秦。

過沒多久，教官告訴我，有記者要來採訪學生，請我帶著學生先做準備。我連忙跟子秦確認昨天發生的事，整件事情的輪廓顯明起來。

原來，子秦回家途中，見到一位老先生，在捷運站的樓梯摔倒，頭部著地，當場流血。他來不及多想，趕緊一個健步過去，想先用衛生紙幫老先生止血。沒想到，血流的比他想像的多。可身旁也沒毛巾、紗布之類的，乾脆把身上的外套一脫，墊在老先生頭部止血，直到救護車來到為止。

聽完子秦描述當時狀況，我告訴他：「子秦，我以你為榮，你願意挺身而出幫助別人，這比聽到學生考上名校，還更令我欣慰。」

還記得上個禮拜，國文課堂剛好教到《孟子》，整本《孟子》，我最喜歡這段話：「今人乍見孺子將入於井，將有怵惕惻隱之心。非所有內交於孺子父母也；非所以要譽鄉黨朋友也；非惡其聲而然也。」

翻成白話大概是，你看見有個小孩，快要掉進井裡了，內心一定會大喊：不要啊！那個瞬間，就是「善良」的萌發。**不是因為你想結交孩子的父母；也不是因為你想得到讚美；更不是因為你怕背負惡名。那個「善良」的迸發，是多麼難得而珍貴！**

但隨著成長，我們經歷些風霜與冷暖，跑在善良之前的，是觀望。見人倒在路上，我們也許內心掙扎，到底要不要幫呢？此時，很多的聲音迴盪在腦中：

「萬一幫了結果出了事，會不會反而被告？」

「萬一這人是假裝的呢？新聞上不是很多這種詐騙嗎？」

「我趕時間回家接孩子，會有其他路人幫忙吧？」

這些聲音都有道理，但世界因此更冷了些。我感動的是，子秦沒讓這些聲音擋住他熾熱真誠的心。

我不時回想起和子秦相處的那些片段。他很愛畫畫，未來想念動畫相關科系，在課業上他也許不起眼，但一聊到美術和音樂，你可以感受他眼裡有光。

有時，他會拿畫作跟我聊，我不懂畫，但聽出他畫中有話。在他畫中出現最多的，或許是他爺爺吧！

他是爺爺帶大的，兩人感情特別好。後來爺爺受病痛折磨，他的內心也跟著受盡折磨。歲月是殘忍的，帶走了爺爺；但子秦的畫筆是溫柔的，留住了回憶。漸漸走出傷痛後，有天，子秦告訴我他在學動畫，他連劇情和構圖都想好了。

「哦？」我很好奇。

他說要先呈現一輛手推車，那是小時候爺爺載他的車子，然後鏡頭一轉，手推車變成了輪椅，換成是子秦推著爺爺……，他說到哽咽，我聽著聽著也鼻酸了。

雖然我常擔心他，太晚睡、上課沒精神、有時課業不上心。但我知道溫暖善良的他，未來一定會用畫筆，為人間留下許多美好風景。

教了他三年國文，但今天，子秦教會我最重要的一課：世界若冷，用善良去暖。

時光信箋：給過去的我，現在的你

讚頌失敗，不留遺憾／承瀚

人生必定面臨無數選擇，尤其是生命的控制權逐漸回到自己手上時。我們雀躍於享受更多的自由，但也畏懼自己錯誤的抉擇，讓你悔不當初。不過很遺憾，時間是不等人的，就像春天散落的櫻花瓣，但就是因為他的不永恆，所以更顯珍貴。

忠於自最真誠的想法，失敗了，笑一下就過去，倒下了，在地板上睡一覺就是。

因為錯誤的抉擇而導致的結果，短期內看起來，很痛。但是過了一段時間，你只會會心一笑，然後感謝那個為青春奮力一躍的自己，為生命增添了不一樣的色彩。

「成功不是留給準備好的人，是留給以熱血闖蕩的傻子。」青春如果必定留下些什麼，也絕對不能是遺憾。行動而失敗，比猶豫而錯過，更值得讚嘆。

感謝我的遭遇／乙瑄

我們努力的意義，就是扭轉自己的命運。我從小父母離異，是由沒有經濟收入的爺爺奶奶照顧長大的。認真讀書為了不加重他們的負擔，因為我相信只有不斷地學習才能改變家境。我想讓爺爺奶奶幸福養老，感謝我的遭遇，使得我更成熟懂事。

不怕後悔的你自己／諾琳

也許，現在的你會覺得，我已經夠努力、夠難熬、這樣就夠了。

但事實上，之後的你會羞愧地在心中責備那個當初天不怕地不怕、不怕後悔的你自己。因為……你會發現自己還不夠努力。

伯樂終會出現／冠景

或許，直到你翻開這本書的那一刻，我都還沉浸在歐陽老師傳訊來，要我參加這個計畫的喜悅當中。或許我仍不確定自己是否有資格寫下這封信給你們，但唯一可以確定的是，我仍有一份夢想，也依然有人看到。

十五、十六歲的時候懂得作夢，十八歲的時候就得學著實踐，這就是成長的第一步。未來的發展會是如何我們都無從預測，但請不要害怕、不要慌張，懂得你這匹千里馬的伯樂終會在那一天出現，帶著你走過荒煙漫草、滿城黃沙。

我已經遇到自己的伯樂了，你的呢？一定也不遠了。

願你的才華都不被埋沒，所有溫柔得以安放。

課本不會教的東西／晨宇

只要記得，高中不是成績最重要，不是你拿到了多高多好的成績，而是你在這三年學到了什麼，而帶走了什麼，留下了什麼值得被記住的事。

我呢，帶走了歐陽老師教我的：如何與他人有效溝通，不起爭執，留下了讓老師印象深刻的蛻變。學到課本不會教的東西才是最寶貴的，就看你如何擷取精華。

碎碎平安，歲歲平安／Amanda

在人生的路途中，難免有玻璃心碎光光的時候，但同時也請記得，「碎碎平安，歲歲平安」。成長，是把滿地碎片拼回的過程；勇氣，是感到害怕時仍能奮不顧身的決心。願你們都能保有勇氣，以及一顆帶領你們成長的玻璃心！

堅持下去，生活會給你回報／宇萱

「過程永遠比結果重要」這句話是我過完高中生涯後最有感觸的一句話。

人生的列車到了最後一站，每個人都相同，每個人都要下車。生命到了這個地方每個靈魂都是相同的，世俗的衡量標準在進入棺材的那刻全被拋開。當什麼都帶不走的時候，你到底從人生裡學會了什麼。

「當生活要給你禮物時，總會刻意以困難層層包裝」送給那些正在掙扎，想要放棄的學弟妹。堅持下去，生活會給你回報。

將微笑帶給其他人／璽元

面對人生難題，必須點燃自己的勇氣、發揮個人天賦、專注於當下完成每件小事，最後記得將微笑帶給其他人吧！

願意開始，就不遠／琇閔

正在展翅高飛路途中的你們，或許徬徨無助抑或是興致高昂，無論何者，都將成為生命的精華，未經一番寒徹骨，焉得梅花撲鼻香。夢想，很遙遠，願意開始，就不遠，願高中生涯能成為你們永遠最踏實的根底，往後回味無窮。

對自己狠一點／庭愷

致 自由自在的旅人們：

如果追求卓越是你的信仰，創造趨勢是你的渴望，那麼我誠心建議你，對自己狠一點，走出自己的舒適圈。多方學習，多方嘗試，並抓住自己每一個表達和能被看見的機會。最後我以一句話作結：「你必須很努力，才能看起來毫不費力！」

別忘了偶爾停下腳步／凱賓（教師）

給正在享受學生時代的你／妳：

現在的你是學生，學習知識、尋找自己未來的人生方向，過程中也許迷茫不安，千萬別忘了停下腳步，傾聽內心的自己，學習活出精采的生命，是我們一輩子最重要的一課，共勉之。

因為人生，在前方／楚影（詩人）

你認識自己了嗎？如果還沒有，就從現在開始。不要放棄任何可能，也不要貪看身後的風景，因為人生，在前方。

做了不要後悔／雞爪（youtuber）

給未來的學弟妹：我總是對自己說，做了不要後悔。當你下定決心要走這條路時，就算是錯的道路，仍要從中找尋可以成長學習的地方，最後你總會脫穎而出！

堅持做認為對的事／可盟（記者）

不要怕跟別人不一樣！每個人都是獨一無二，有專長也有不足，堅持做認為對的事，訂定目標，一步步踏實前進。相信自己，適度自信絕對是必要的！

後記

你是領悟了？還是淋濕了？

筆擱至此，雨，終究是落下來了。我說過，比奇蹟更重要的是相信。大雨滂沱，有人在雨中走避、有人在雨中漫步、有人乾脆淋個痛快。在雨中，你感受到了什麼呢？

還記得，剛從師大畢業，夢很大，但才華還撐不起我們的夢。我來到成功高中實習，在那裡遇到了我的恩師：李繼宗老師。是他教會我如何帶班、如何講課、如何做事。

當年的我，青澀到自己都不忍回首，但繼宗老師就是這麼用心的栽培我。我見證他引導厭學的學生，重新找回學習熱情；看著他為每一堂課卯足全力，一站上講台，舉手投足，盡是風采。那時，班上學生做了班服，班服上面的題字就是：「一代宗師」。是的，我非常非常幸運，在踏入教學生涯的第一年，就遇到一代宗師。是繼宗老師，一步一步打磨我，教會我如何當一個好老師。

在那場名為青澀的雨中，我明白了「經驗，都是磨出來的。」

後來，我聽了許榮哲老師的演講，深受啟發。他告訴我：「**相信自己是天才，比你自己是天才還重要。**」從此，我踏上了天才之旅，緊跟著榮哲學本事。他寫作，我跟著寫；他說故事，我跟著說。我從沒想過人生可以這麼精彩，而這些精采也豐富了我的教學。榮哲帶著我，講了人生第一場演講、出了人生的第一本書《桌遊課》、上了人生第一次節目。當我迷惘時，是他告訴我：「別因為那些多話者，耽誤我們趕路的行程。」然後，我們就會提足一口真氣，施展輕功，繼續朝著遠方狂奔。

在那場名為夢想的雨中，我領悟了「天才，都是信出來的。」

在這段路上，我更幸運的是認識了嘉芸，從大學同學晉升男女朋友、最後成為夫妻。她陪我走過青澀、挺過煎熬、度過難關。我們一起笑鬧、一起流淚、一起考研究所、一起考教甄、一起當老師……然後約好，一起共度此生。大家說我講課起來充滿自信，但只有嘉芸知道我自信背後的焦慮；大家說我有滿滿的教學點子，但只有嘉芸知道我靈感枯竭時的苦惱。她總是陪在我身邊，時而傾聽、時而安慰；有時出主意、有時給建議。她是我的知音、我的軍師、我的靈魂伴侶。

在那場名為愛情的雨中，我發現了「愛情，都是走出來的。」

最後，我最幸福的是，有愛我的父母。他們把畢生心力都放在孩子身上，我沒見過他們享受過什麼，但我只知道，我和兩個妹妹該學的，一項也沒少；該有的，一樣也沒缺。媽媽從小訓練我演說，陪我到處征戰。後來我才知道，媽說她以前不擅表達，吃了虧，不想讓我經歷她的痛，所以說什麼都要讓我學會表達。這就是父母，永遠把最好的留給子女，卻將自己的序位不斷往後移。直到兒女長大了，他們放心了，開始要對自己好一點時，卻發現自己已經老了。

在那場名為親情的大雨，我了解了「親情，都是給出來的。」

人生有太多太多值得感謝的人。謝謝編輯俞惠，沒有你的慧眼獨具，就沒有這本書的出現。謝謝學校的同事們，我們一起為教育奮鬥，讓丹鳳高中的好被更多人看見。謝謝我的學生們，你們願意相信我，勇於嘗試各種挑戰，我們一起創造出這些動人的教育風景。也謝謝正在閱讀此書的你們，因為你們的支持，讓我永遠充滿動力。文字，是我們相遇的信物。

知名歌手巴布・狄倫曾說：「有些人，在雨中領悟了什麼：但有些人，就只是被淋濕了。」**在生命的這場大雨，永遠都有值得我們駐足諦聽的時刻，永遠都有值得我們為他撐傘的人。**記住，雨別白淋了，說什麼也要悟出些什麼，不然人生也就錯過了什麼。

飄移的起跑線

作　　者　歐陽立中
責任編輯　鄭世佳 Josephine Cheng
責任行銷　朱韻淑 Vina Ju
封面裝幀　Dinner Illustration
版面構成　黃靖芳 Jing Huang
校　　對　楊玲宜 ErinYang

發 行 人　林隆奮 Frank Lin
社　　長　蘇國林 Green Su

總 編 輯　葉怡慧 Carol Yeh
主　　編　鄭世佳 Josephine Cheng
行銷主任　朱韻淑 Vina Ju
業務處長　吳宗庭 Tim Wu
業務主任　蘇倍生 Benson Su
業務專員　鍾依娟 Irina Chung
業務秘書　陳曉琪 Angel Chen
　　　　　莊皓雯 Gia Chuang

發行公司　精誠資訊股份有限公司
　　　　　悅知文化
地　　址　105台北市松山區復興北路99號12樓
專　　線　(02) 2719-8811
傳　　真　(02) 2719-7980
網　　址　http：//www.delightpress.com.tw
客服信箱　cs@delightpress.com.tw
ISBN　978-986-510-246-3
建議售價　新台幣340元
二版一刷　2022年10月

國家圖書館出版品預行編目資料

飄移的起跑線／歐陽立中著. -- 二版. -- 臺北市：精誠資訊股份有限公司,2022.10
320面；14.8×21公分
ISBN 978-986-510-246-3（平裝）
1.CST: 親職教育 2.CST: 子女教育
528.2　　111015198

建議分類｜心理勵志

悅知文化 Delight Press

線上讀者問卷 TAKE OUR ONLINE READER SURVEY

比奇蹟更重要的，
是相信。
相信自己會更好，
相信明天會更好。

——《飄移的起跑線》

請拿出手機掃描以下QRcode或輸入
以下網址，即可連結讀者問卷。
關於這本書的任何閱讀心得或建議，
歡迎與我們分享 ◡̈

https://bit.ly/3ioQ55B